Vergil · Aeneis

P. Vergilius Maro
Aeneis

3. und 4. Buch

Lateinisch / Deutsch

Mit 25 Abbildungen

Übersetzt und herausgegeben
von Edith und Gerhard Binder

Philipp Reclam jun. Stuttgart

Diese Ausgabe ist Teil einer Gesamtübersetzung der
Aeneis, die in sechs Bändchen zu je zwei Büchern
erscheint.

Universal-Bibliothek Nr. 9681
Alle Rechte vorbehalten
© 1997 Philipp Reclam jun. GmbH & Co., Stuttgart
Gesamtherstellung: Reclam, Ditzingen. Printed in Germany 1997
RECLAM und UNIVERSAL-BIBLIOTHEK sind eingetragene Marken
der Philipp Reclam jun. GmbH & Co., Stuttgart
ISBN 3-15-009681-2

Inhalt

Aeneis

    Liber III · 3. Buch 6

    Liber IV · 4. Buch 70

Zu dieser Ausgabe 131

Anmerkungen 135

Stammbaum 188

Verzeichnis der Eigennamen 190

Zeittafel 206

Literaturhinweise 209

Zu den Illustrationen 214

Karten 218

P. Vergili Maronis
Aeneidos

Liber III

'Postquam res Asiae Priamique evertere gentem
immeritam visum superis, ceciditque superbum
Ilium et omnis humo fumat Neptunia Troia,
diversa exsilia et desertas quaerere terras
auguriis agimur divum, classemque sub ipsa   5
Antandro et Phrygiae molimur montibus Idae,
incerti quo fata ferant, ubi sistere detur,
contrahimusque viros. vix prima inceperat aestas
et pater Anchises dare fatis vela iubebat,
litora cum patriae lacrimans portusque relinquo   10
et campos ubi Troia fuit. feror exsul in altum
cum sociis natoque penatibus et magnis dis.
 Terra procul vastis colitur Mavortia campis
(Thraces arant) acri quondam regnata Lycurgo,
hospitium antiquum Troiae sociique penates   15
dum fortuna fuit. feror huc et litore curvo
moenia prima loco fatis ingressus iniquis
Aeneadasque meo nomen de nomine fingo.
sacra Dionaeae matri divisque ferebam
auspicibus coeptorum operum, superoque nitentem   20
caelicolum regi mactabam in litore taurum.
forte fuit iuxta tumulus, quo cornea summo

P. Vergilius Maro

Aeneis

3. Buch

»Nachdem es den himmlischen Mächten gefallen hat, Asiens Reich und, obgleich schuldlos, das Volk des Priamus zu vernichten, nachdem das stolze Ilium gestürzt und ganz Troia, die Stadt des Neptunus, nur noch ein rauchendes Trümmerfeld ist, treiben uns Zeichen der Götter, einen Zufluchtsort in der Ferne, in ungastlichen Landen zu suchen, und so bauen wir eine Flotte unterhalb [5] von Antandrus, am Fuß des phrygischen Idagebirges, ohne zu wissen, wohin das Fatum uns trägt, wo uns Fuß zu fassen vergönnt ist, und sammeln unsere Mannschaft. Kaum war der Beginn des Sommers zu spüren und Vater Anchises gebot uns, dem Lauf des Schicksals die Segel zu setzen, da verlasse ich unter Tränen die Gestade der Heimat, die Häfen [10] und die Fluren, wo einmal Troia stand. Heimatlos fahre ich hinaus aufs Meer mit den Gefährten, meinem Sohn und den Penaten, unseren Großen Göttern.

Ein Land unter dem Schutz des Mars liegt in der Ferne mit weiten Fluren: Thraker bestellen es; einst war es unter der Herrschaft des grimmigen Lycurgus: ein Ort der Freundschaft für Troia seit alter Zeit, seine Penaten den unsern verbunden, [15] solang unser Glück währte. Dorthin gelange ich: An einer Bucht beginne ich mit dem Bau einer Siedlung – doch ohne Billigung des Fatums – und Aeneaden nenne ich nach meinem Namen die Bewohner. Opfern wollte ich Diones Tochter, meiner Mutter, und den Göttern, die freundlich wachen über allem neu begonnenen Werk, wollte auch droben [20] dem König der Himmelsbewohner am Gestade einen stattlichen Stier schlachten. Zufällig lag in der Nähe eine Anhöhe, auf der ganz oben Hornstrauch-

Zu 3,1–12

Zu 3,13–71

Liber III

virgulta et densis hastilibus horrida myrtus.
accessi viridemque ab humo convellere silvam
conatus, ramis tegerem ut frondentibus aras,   25
horrendum et dictu video mirabile monstrum.
nam quae prima solo ruptis radicibus arbos
vellitur, huic atro liquuntur sanguine guttae
et terram tabo maculant. mihi frigidus horror
membra quatit gelidusque coit formidine sanguis.   30
rursus et alterius lentum convellere vimen
insequor et causas penitus temptare latentis;
ater et alterius sequitur de cortice sanguis.
multa movens animo Nymphas venerabar agrestis
Gradivumque patrem, Geticis qui praesidet arvis,   35
rite secundarent visus omenque levarent.
tertia sed postquam maiore hastilia nisu
adgredior genibusque adversae obluctor harenae,
(eloquar an sileam?) gemitus lacrimabilis imo
auditur tumulo et vox reddita fertur ad auris: 40
"quid miserum, Aenea, laceras? iam parce sepulto,
parce pias scelerare manus. non me tibi Troia
externum tulit aut cruor hic de stipite manat.
heu fuge crudelis terras, fuge litus avarum:
nam Polydorus ego. hic confixum ferrea texit   45
telorum seges et iaculis increvit acutis."
tum vero ancipiti mentem formidine pressus
obstipui steteruntque comae et vox faucibus haesit.

    Hunc Polydorum auri quondam cum pondere magno
infelix Priamus furtim mandarat alendum   50
Threicio regi, cum iam diffideret armis

3. Buch

gebüsch wuchs und Myrtengestrüpp mit dichtstehenden
Schäften. Dahin ging ich, und als ich versuchte, vom Boden
frisches Buschwerk loszureißen, um die Altäre mit grünen-
den Zweigen zu bedecken, [25] da sehe ich ein haarsträuben-
des Zeichen, man kann es nur ein Wunder nennen: Denn
von dem Strauch, den ich zuerst mit gebrochenen Wurzeln
aus dem Boden reiße, fließen Tropfen schwarzen Blutes und
besudeln eklig den Boden. Mir schüttelt kalter Schauder die
Glieder, und mein Blut gefriert vor Entsetzen. [30] Erneut
versuche ich's und gehe daran, eines anderen Strauches bieg-
samen Zweig auszureißen und so den geheimnisvollen Ur-
sachen des Wunders nachzuspüren: Schwarzes Blut quillt
auch aus der Rinde des anderen Strauches. Vieles erwog ich
in meinen Gedanken, flehte gleich die ländlichen Nymphen
an und Vater Gradivus, den Beschützer der getischen Flu-
ren, [35] sie möchten die Erscheinung recht zum Segen wen-
den und den Schrecken des Zeichens mildern. Als ich mich
aber mit noch größerem Kraftaufwand an einen dritten
Busch mache und dabei mit den Knien gegen den Sand
stemme, da ist – soll ich's sagen oder verschweigen? – ein
klägliches Stöhnen aus der Tiefe des Hügels zu vernehmen,
und ein antwortender Ruf dringt an mein Ohr: [40] ›Was
zerreißt du, Aeneas, einen unglücklichen Menschen? Ver-
schone endlich den Toten im Grab, hüte dich, deine fromme
Hand mit Frevel zu beflecken! Aus Troia stamme ich, bin
dir also kein Fremder, auch fließt dieses Blut nicht von
einem Stück Holz. Ach, fliehe aus diesem grausamen Land,
fliehe von diesem Gestade habgieriger Menschen: Denn ich
bin Polydorus. Hier wurde ich durchbohrt; die eiserne Saat
der Speere deckte mich zu [45] und trieb aus in spitzen Spie-
ßen.‹ Da nun überfiel meinen Sinn fassungsloses Entsetzen:
Ich war wie gelähmt, die Haare standen mir zu Berge, und
die Stimme blieb mir im Hals stecken.

Diesen Polydorus hatte einst der unglückselige Priamus
mit einer großen Ladung Gold insgeheim zur Erziehung
anvertraut [50] dem Thrakerkönig, da er schon mißtraute

Liber III

Dardaniae cingique urbem obsidione videret.
ille, ut opes fractae Teucrum et Fortuna recessit,
res Agamemnonias victriciaque arma secutus
fas omne abrumpit: Polydorum obtruncat, et auro   55
vi potitur. quid non mortalia pectora cogis,
auri sacra fames! postquam pavor ossa reliquit,
delectos populi ad proceres primumque parentem
monstra deum refero, et quae sit sententia posco.
omnibus idem animus, scelerata excedere terra,   60
linqui pollutum hospitium et dare classibus Austros.
ergo instauramus Polydoro funus, et ingens
aggeritur tumulo tellus; stant Manibus arae
caeruleis maestae vittis atraque cupresso,
et circum Iliades crinem de more solutae;   65
inferimus tepido spumantia cymbia lacte
sanguinis et sacri pateras, animamque sepulcro
condimus et magna supremum voce ciemus.

Inde ubi prima fides pelago, placataque venti
dant maria et lenis crepitans vocat Auster in altum,   70
deducunt socii navis et litora complent;
provehimur portu terraeque urbesque recedunt.
sacra mari colitur medio gratissima tellus
Nereidum matri et Neptuno Aegaeo,
quam pius arquitenens oras et litora circum   75
errantem Mycono e celsa Gyaroque revinxit,
immotamque coli dedit et contemnere ventos.
huc feror, haec fessos tuto placidissima portu

3. Buch

den Waffen Dardaniens und sah, daß der Belagerungsring
sich um die Stadt legte. Der König freilich, sobald die Macht
der Teucrer gebrochen und Fortuna gegangen, wechselt ins
Lager Agamemnons und zum Heer des Siegers; er bricht
alle heiligen Gebote: Polydorus läßt er ermorden und eignet
sich das Gold [55] mit Gewalt an. Wozu treibst du nicht des
Menschen Herz, verfluchte Goldgier! Nachdem dann die
Angst aus meinen Gliedern gewichen, berichte ich einer er-
wählten Gruppe führender Männer des Volkes und allen
voran dem Vater von den Zeichen der Götter und bitte sie
um ihre Meinung. Alle denken dasselbe: Verlassen müsse
man das vom Frevel gezeichnete Land, [60] den Rücken keh-
ren dem geschändeten Gastrecht und die Winde wieder in
die Schiffssegel fahren lassen. Folglich bereiten wir Polydo-
rus ein ordentliches Begräbnis, hoch wird Erde zum Hügel
gehäuft; errichtet sind den Manen Altäre mit dem Trauer-
schmuck dunkler Bänder und schwärzlicher Zypresse, und
ringsherum Frauen aus Troia mit gelöstem Haar, wie es der
Brauch verlangt; [65] wir bringen Tiegel herbei, in denen
warme Milch schäumt, und Schalen mit Opferblut, wir ber-
gen die Seele des Toten im Grab und rufen ihr laut den letz-
ten Gruß nach.

Dann, sobald überhaupt man dem Meer trauen kann, so-
bald für ruhige See die Winde sorgen und ein sanfter Süd-
wind uns rauschend in die Weite ruft, [70] lassen die Gefähr-
ten die Schiffe zu Wasser und bevölkern den Strand. Wir
steuern aus dem Hafen, Länder und Städte verschwinden
am Horizont. Ein heiliges Stück Erde liegt besiedelt inmit-
ten des Meeres, Lieblingsort für die Mutter der Nereiden
und den Neptunus von Aigai: Dieses Land, das einst zwi-
schen Küsten und Ufern umherschwamm, verankerte der
Bogenträger Apollo in Dankbarkeit [75] am hochragenden
Myconus und Gyarus, ließ die jetzt unverrückbare Insel zur
Wohnstätte werden und die Macht der Winde verachten.
Dahin geht meine Fahrt, und die Insel, ein Ort tiefsten
Friedens, nimmt uns Erschöpfte in sicherem Hafen auf; von

14   *Liber III*

accipit; egressi veneramur Apollinis urbem.
rex Anius, rex idem hominum Phoebique sacerdos,   80
vittis et sacra redimitus tempora lauro
occurrit; veterem Anchisen agnovit amicum.
iungimus hospitio dextras et tecta subimus.
   Templa dei saxo venerabar structa vetusto:
"da propriam, Thymbraee, domum; da moenia fessis   85
et genus et mansuram urbem; serva altera Troiae
Pergama, reliquias Danaum atque immitis Achilli.
quem sequimur? quove ire iubes? ubi ponere sedes?
da, pater, augurium atque animis inlabere nostris."
vix ea fatus eram: tremere omnia visa repente,   90
liminaque laurusque dei, totusque moveri
mons circum et mugire adytis cortina reclusis.
summissi petimus terram et vox fertur ad auris:
"Dardanidae duri, quae vos a stirpe parentum
prima tulit tellus, eadem vos ubere laeto   95
accipiet reduces. antiquam exquirite matrem.
hic domus Aeneae cunctis dominabitur oris
et nati natorum et qui nascentur ab illis."
haec Phoebus; mixtoque ingens exorta tumultu
laetitia, et cuncti quae sint ea moenia quaerunt,   100
quo Phoebus vocet errantis iubeatque reverti.
   Tum genitor veterum volvens monimenta virorum
"audite, o proceres," ait "et spes discite vestras.
Creta Iovis magni medio iacet insula ponto,
mons Idaeus ubi et gentis cunabula nostrae.   105
centum urbes habitant magnas, uberrima regna,
maximus unde pater, si rite audita recordor,

3. Buch

Bord gegangen, grüßen wir ehrfürchtig die Stadt des
Apollo. König Anius, in einer Person König des Volkes
und Priester des Phoebus, [80] am Haupt trägt er Bänder
und heiligen Lorbeer, kommt und empfängt uns; er erkennt
in Anchises einen Freund aus früheren Tagen. Wir reichen
uns die Hände zum Zeichen der Gastfreundschaft und tre-
ten ein in sein Haus.

Ich grüßte im Gebet gerade den Tempel des Gottes, er-
baut aus uralten Steinen: ›Gib uns, Gott von Thymbra, ein
eigenes Zuhause; gib schützende Mauern den Erschöpften,
[85] Nachkommenschaft und eine Stadt von Dauer; bewahre
Troias neue Stadtburg, uns, die von den Danaern und dem
grausamen Achilles verschont geblieben. Wer führt uns?
Wohin heißt du uns gehen, wo seßhaft werden? Gib uns,
Vater, eine Weisung und senke dich in unsere Herzen.‹
Kaum hatte ich diese Worte gesagt: Plötzlich war mir, als
zittere alles, [90] das Portal und der Lorbeer des Gottes, mir
war, als gerate das ganze Gebirge ringsum in Bewegung, als
tue das Allerheiligste sich auf und dröhne der Dreifuß. In
Ehrfurcht werfen wir uns zur Erde, und eine Stimme dringt
an unsere Ohren: ›Leidergeprobte Nachfahren des Dardanus,
das Land, das euch seit Urväterzeiten trug, es wird euch
auch in seinen fruchtbaren Schoß [95] aufnehmen als Heim-
kehrer. Macht euch auf die Suche nach eurer Mutter der
Vorzeit. Da wird dann über aller Welt Enden herrschen das
Haus des Aeneas und seine Kindeskinder und deren Nach-
kommen.‹ So spricht Phoebus; und aus lärmendem Durch-
einander steigt lauter Jubel auf, alle fragen, was für Mauern
das denn seien, [100] wohin Phoebus die Irrfahrer rufe und
ihnen zurückzukehren gebiete.

Da bedachte mein Vater die Überlieferungen der Helden
der Vorzeit und sprach: ›Hört, ihr edlen Männer, und er-
fahrt, was euch erwartet. Kreta, die Insel des großen Iuppi-
ter, liegt inmitten des Meeres: Dort ist der Berg Ida und
dort die Wiege unseres Volkes. [105] Hundert mächtige
Städte bewohnen die Menschen, ein Reich von überquellen-

Zu 3,79–117

Zu 3,124–188

18   *Liber III*

Teucrus Rhoeteas primum est advectus in oras,
optavitque locum regno. nondum Ilium et arces
Pergameae steterant; habitabant vallibus imis.   110
hinc mater cultrix Cybeli Corybantiaque aera
Idaeumque nemus, hinc fida silentia sacris,
et iuncti currum dominae subiere leones.
ergo agite et divum ducunt qua iussa sequamur:
placemus ventos et Cnosia regna petamus.   115
nec longo distant cursu: modo Iuppiter adsit,
tertia lux classem Cretaeis sistet in oris."
sic fatus meritos aris mactavit honores,
taurum Neptuno, taurum tibi, pulcher Apollo,
nigram Hiemi pecudem, Zephyris felicibus albam.   120
   Fama volat pulsum regnis cessisse paternis
Idomenea ducem, desertaque litora Cretae,
hoste vacare domum sedesque astare relictas.
linquimus Ortygiae portus pelagoque volamus
bacchatamque iugis Naxon viridemque Donusam,   125
Olearon niveamque Paron sparsasque per aequor
Cycladas, et crebris legimus freta concita terris.
nauticus exoritur vario certamine clamor:
hortantur socii Cretam proavosque petamus.
prosequitur surgens a puppi ventus euntis,   130
et tandem antiquis Curetum adlabimur oris.
ergo avidus muros optatae molior urbis

3. Buch 19

der Fülle, dort, von wo unser Urvater Teucrus, wenn ich
mich recht der Kunde entsinne, zuerst zur Küste von Rhoe-
teum gefahren kam und einen Ort zur Errichtung seiner
Herrschaft auserkor. Noch waren Ilium und Pergamums
Burgen nicht erbaut; man wohnte im Grund der Täler. [110]
Von da kam zu uns die göttliche Mutter, die Herrin des Cy-
bele-Berges, kamen die Corybanten mit ihren Bronzebek-
ken und der heilige Hain am Berg Ida, von da das gewissen-
hafte Schweigen beim Kult und auch das Löwengespann,
geschirrt an den Wagen der Herrin. Also los! Laßt uns den
Weg nehmen, den die Befehle der Götter uns führen: Laßt
uns die Winde sanft stimmen und das Königreich von Gno-
sus ansteuern. [115] Es ist zur See nicht weit entfernt: Sofern
nur Iuppiter uns zur Seite steht, wird schon in drei Tagen
die Flotte haltmachen an Kretas Küste.‹ So sprach er und
opferte an den Altären die den Göttern geschuldeten Ga-
ben: einen Stier dem Neptunus, einen Stier auch dir, herrli-
cher Apollo, ein schwärzliches Schaf dem Sturm, den glück-
verheißenden Westwinden ein weißes. [120]

Die Kunde verbreitet sich schnell, vertrieben aus dem
Reich seines Vaters sei Idomeneus, der Führer im Streit, aus
dem Land gegangen, öd und leer seien Kretas Küsten, vom
Feind geräumt sei der Palast, und die Häuser stünden auf-
gegeben da. Wir verlassen Ortygias Hafen und eilen im
Flug übers Meer: Naxos, auf dessen Bergzügen man den
Kult des Bacchus feiert, und das grünende Donusa, [125]
Olearus auch und das schneeweiße Parus, dazu die über das
Meer hin verstreuten Cycladen streifen wir und Meerengen
mit heftiger Brandung von zahlreichen Inseln. Bunt durch-
einander ertönt um die Wette das Geschrei der Seeleute: Es
drängt die Mannschaft, wir sollten nach Kreta, ins Land der
Vorväter fahren. Ein Wind erhebt sich vom Heck her und
gibt der Fahrt das Geleit; [130] so landen wir endlich am ur-
alten Gestade der Cureten. Voll Ungeduld baue ich also die
Mauern der ersehnten Stadt, nenne diese Pergamusstadt
und mahne das Volk, das von dem Namen entzückt ist, den

20   *Liber III*

Pergameamque voco, et laetam cognomine gentem
hortor amare focos arcemque attollere tectis.

Iamque fere sicco subductae litore puppes,   135
conubiis arvisque novis operata iuventus,
iura domosque dabam, subito cum tabida membris
corrupto caeli tractu miserandaque venit
arboribusque satisque lues et letifer annus.
linquebant dulcis animas aut aegra trahebant   140
corpora; tum sterilis exurere Sirius agros,
arebant herbae et victum seges aegra negabat.
rursus ad oraclum Ortygiae Phoebumque remenso
hortatur pater ire mari veniamque precari,
quam fessis finem rebus ferat, unde laborum   145
temptare auxilium iubeat, quo vertere cursus.

Nox erat et terris animalia somnus habebat:
effigies sacrae divum Phrygiique penates,
quos mecum a Troia mediisque ex ignibus urbis
extuleram, visi ante oculos astare iacentis   150
in somnis multo manifesti lumine, qua se
plena per insertas fundebat luna fenestras;
tum sic adfari et curas his demere dictis:
"quod tibi delato Ortygiam dicturus Apollo est,
hic canit et tua nos en ultro ad limina mittit.   155
nos te Dardania incensa tuaque arma secuti,
nos tumidum sub te permensi classibus aequor,
idem venturos tollemus in astra nepotes
imperiumque urbi dabimus. tu moenia magnis
magna para longumque fugae ne linque laborem.   160

3. Buch 21

häuslichen Herd zu hegen und Festungsbauten für eine
Burg zu errichten.

Eben erst waren am Strand die Schiffe aufs Trockene ge-
zogen, [135] die Jüngeren waren mit Heiraten und neuem
Ackerland beschäftigt, ich sorgte für Recht und Gesetz,
teilte Haus und Hof zu, als plötzlich aus der verpesteten
Luft des Landstrichs eine gliederzehrende, auch für Bäume
und Saaten üble Seuche über uns kam und ein todbringen-
des Jahr. Die Menschen mußten Abschied nehmen vom ge-
liebten Leben oder schleppten ihre gequälten [140] Leiber
dahin; dann brannte der Sirius die Felder aus, so daß sie
ohne Ertrag blieben, die Halme waren vertrocknet, und die
kranke Saat versagte die Nahrung. Übers Meer zurückzu-
fahren und erneut ans Orakel von Ortygia, an Phoebus sich
zu wenden, mahnt mein Vater, und dort um Gnade zu bit-
ten, zu erfahren, welch ein Ende der Gott unserem Elend
setze, wo nach Hilfe für unser Leid [145] auszuschauen er
uns befehle, wohin den Kurs zu wenden.

Es war Nacht, und Schlaf umfing die Lebewesen auf Er-
den: Da war mir, als stünden die geheiligten Bilder der Göt-
ter, die phrygischen Penaten, die ich mitten aus den Flam-
men der Stadt geholt und aus Troia mit mir genommen, vor
meinen Augen, als ich lag und [150] träumte, mit Händen zu
greifen in hellem Licht, da, wo sich das Licht des Vollmonds
durch die eingelassenen Fensteröffnungen ergoß; dann
sprachen sie mich an und nahmen mir meine Sorgen mit
diesen Worten: ›Was dir, wärest du nach Ortygia gelangt,
Apollo zu sagen hätte, verkündet er hier, sieh, von sich aus
schickt er uns an deine Tür. [155] Nach Dardanias Untergang
in den Flammen sind wir dir und deinen Waffen gefolgt,
wir haben unter deiner Führung zu Schiff das wogende
Meer durchmessen, wir auch werden zu den Sternen erhe-
ben die Enkel in künftigen Zeiten und Herrschaft deiner
Stadt verleihen. Du schaffe das Fundament einer mächtigen
Stadt für ein mächtiges Volk und entziehe dich nicht der
lange währenden Plage der Irrfahrt. [160] Verlegen mußt du

Liber III

mutandae sedes. non haec tibi litora suasit
Delius aut Cretae iussit considere Apollo.
est locus, Hesperiam Grai cognomine dicunt,
terra antiqua, potens armis atque ubere glaebae;
Oenotri coluere viri; nunc fama minores   165
Italiam dixisse ducis de nomine gentem.
hae nobis propriae sedes, hinc Dardanus ortus
Iasiusque pater, genus a quo principe nostrum.
surge age et haec laetus longaevo dicta parenti
haud dubitanda refer: Corythum terrasque requirat   170
Ausonias; Dictaea negat tibi Iuppiter arva."
talibus attonitus visis et voce deorum
(nec sopor illud erat, sed coram agnoscere vultus
velatasque comas praesentiaque ora videbar;
tum gelidus toto manabat corpore sudor)   175
corripio e stratis corpus tendoque supinas
ad caelum cum voce manus et munera libo
intemerata focis. perfecto laetus honore
Anchisen facio certum remque ordine pando.
agnovit prolem ambiguam geminosque parentis,   180
seque novo veterum deceptum errore locorum.
tum memorat: "nate, Iliacis exercite fatis,
sola mihi talis casus Cassandra canebat.
nunc repeto haec generi portendere debita nostro
et saepe Hesperiam, saepe Itala regna vocare.   185
sed quis ad Hesperiae venturos litora Teucros
crederet? aut quem tum vates Cassandra moveret?
cedamus Phoebo et moniti meliora sequamur."
sic ait, et cuncti dicto paremus ovantes.

3. Buch

den Wohnsitz. Nicht zu dieser Küste riet dir der Gott von
Delus, nicht auf Kreta hieß euch siedeln Apollo. Es gibt
eine Gegend, Hesperien nennen sie die Griechen, uraltes
Land, stark durch seine Waffen und die Fruchtbarkeit seines
Bodens; Oenotrier bewohnten es einst; jetzt heißt es, die
Späteren [165] hätten das Land nach dem Namen ihres An-
führers Italien genannt. Da haben wir unseren angestamm-
ten Wohnsitz, von da stammen Dardanus und Vater Iasius,
auf den sich unser Volk zurückführt. Auf also, und berichte
frohen Herzens deinem betagten Vater diese Worte, die kei-
nen Zweifel gestatten: Corythus solle er aufsuchen [170] und
ausonische Lande; diktäische Fluren verweigert dir Iuppi-
ter.‹ Von solchen Bildern erschüttert und vom Spruch der
Gottheiten (nein, das war kein Traumbild, sondern leibhaf-
tig meinte ich ihre Miene zu erkennen, ihr umwundenes
Haar und ganz nah ihren sprechenden Mund; da rann mir
kalter Schweiß über den ganzen Körper), [175] raffe ich mich
vom Lager auf, strecke zum Himmel empor im Gebet die
Handflächen und opfere unvermischten Wein am Herd des
Hauses. Nach dieser Opfergabe unterrichte ich frohen Her-
zens Anchises, erkläre ihm die Angelegenheit der Reihe
nach. Er erkannte die zweifache Abkunft, die beiden Ahn-
herren (unseres Hauses), [180] und daß er sich in einem neu-
erlichen Irrtum über die Wohnsitze von einst getäuscht
hatte. Darauf sagt er: ›Mein Sohn, hart geprüft durch Iliums
Geschick, einzig Cassandra kündete mir wiederholt davon,
daß es so kommen werde. Nun erinnere ich mich, daß sie
unserem Geschlecht diese Bestimmung prophezeite, daß
sie oft von Hesperien, oft von einer Herrschaft in Italien
sprach. [185] Doch wer hätte geglaubt, daß die Teucrer ein-
mal an Hesperiens Küsten gelangen würden? Oder wen
hätte damals die Seherin Cassandra beeindruckt? Wir wol-
len uns Phoebus fügen und belehrt der richtigen Spur
folgen.‹ So spricht er, und wir gehorchen allesamt jubelnd
seinem Wort. Wir geben auch diesen Wohnsitz auf; nur
einige lassen wir dort zurück, [190] setzen dann die Segel

Liber III

hanc quoque deserimus sedem paucisque relictis   190
vela damus vastumque cava trabe currimus aequor.
  Postquam altum tenuere rates nec iam amplius ullae
apparent terrae, caelum undique et undique pontus,
tum mihi caeruleus supra caput astitit imber
noctem hiememque ferens, et inhorruit unda tenebris.   195
continuo venti volvunt mare magnaque surgunt
aequora, dispersi iactamur gurgite vasto;
involuere diem nimbi et nox umida caelum
abstulit, ingeminant abruptis nubibus ignes,
excutimur cursu et caecis erramus in undis.   200
ipse diem noctemque negat discernere caelo
nec meminisse viae media Palinurus in unda.
tris adeo incertos caeca caligine soles
erramus pelago, totidem sine sidere noctes.
quarto terra die primum se attollere tandem   205
visa, aperire procul montis ac volvere fumum.
vela cadunt, remis insurgimus; haud mora, nautae
adnixi torquent spumas et caerula verrunt.
servatum ex undis Strophadum me litora primum
excipiunt. Strophades Graio stant nomine dictae   210
insulae Ionio in magno, quas dira Celaeno
Harpyiaeque colunt aliae, Phineia postquam
clausa domus mensasque metu liquere priores.
tristius haud illis monstrum, nec saevior ulla
pestis et ira deum Stygiis sese extulit undis.   215
virginei volucrum vultus, foedissima ventris
proluvies uncaeque manus et pallida semper
ora fame.

3. Buch

und eilen in unseren bauchigen Schiffen über das unermeßliche Meer.

Nachdem die Segler die hohe See erreicht hatten und weit und breit kein Land mehr in Sicht war, Himmel nur ringsum und ringsum nur Wasser, da blieb über meinem Haupt ein schwärzliches Unwetter stehen, das Nacht und Sturm brachte, rauh wogte die Flut auf in der Finsternis. [195] Gleich darauf durchwühlen die Winde das Meer, und hoch erheben sich die Wassermassen, zerstreut treiben wir umher auf dem wüsten Abgrund der See; Sturmwolken haben den Tag in Dunkel gehüllt, eine Regennacht hat das Himmelslicht geraubt, ein Blitz nach dem andern zuckt aus zerfetzten Wolken; wir werden aus dem Kurs geworfen und irren blind in den Wogen. [200] Sogar Palinurus sagt, er könne Tag und Nacht nicht unterscheiden am Himmel noch den rechten Weg ausmachen inmitten des Seegangs. Drei solche Tage der Ungewißheit irren wir in undurchdringlichem Dunkel auf dem Meer, ebenso viele sternlose Nächte. Am vierten Tag erst stieg endlich Land auf [205] vor unseren Augen, gab den Blick frei auf Berge in der Ferne und ließ deutlich Rauch in die Höhe steigen. Die Segel fallen, wir stemmen uns in die Ruder; es gibt <u>kein</u> Verschnaufen, die Seeleute durchpflügen mit aller Kraft die schäumenden Wasser und fegen über die dunkle See. Gerettet aus den Wogen, nimmt mich zuerst das Gestade der Strophaden auf. Die Inseln der Strophaden, ihr Name ist griechischer Herkunft, liegen [210] im weiten Ionischen Meer: Die gräßliche Celaeno und die andern Harpyien wohnen auf ihr, seit das Haus des Phineus ihnen verschlossen und sie aus Furcht die Tische von früher verließen. Ein böseres Greuel als diese gab es nie, auch stieg grausamer nie eine Plage, eine Rache der Götter aus den Wellen des Styx empor. [215] Mädchenhaft ist das Gesicht der geflügelten Wesen, abscheulich sind ihres Bauches Exkremente, klauenhaft ihre Hände, und bleich ist immer ihr Gesicht von Hunger.

Zu 3,189–258

Zu 3, 270–288

Liber III

Huc ubi delati portus intravimus, ecce
laeta boum passim campis armenta videmus   220
caprigenumque pecus nullo custode per herbas.
inruimus ferro et divos ipsumque vocamus
in partem praedamque Iovem; tum litore curvo
exstruimusque toros dapibusque epulamur opimis.
at subitae horrifico lapsu de montibus adsunt   225
Harpyiae et magnis quatiunt clangoribus alas,
diripiuntque dapes contactuque omnia foedant
immundo; tum vox taetrum dira inter odorem.
rursum in secessu longo sub rupe cavata
[arboribus clausam circum atque horrentibus umbris]   230
instruimus mensas arisque reponimus ignem;
rursum ex diverso caeli caecisque latebris
turba sonans praedam pedibus circumvolat uncis,
polluit ore dapes. sociis tunc arma capessant
edico, et dira bellum cum gente gerendum.   235
haud secus ac iussi faciunt tectosque per herbam
disponunt ensis et scuta latentia condunt.
ergo ubi delapsae sonitum per curva dedere
litora, dat signum specula Misenus ab alta
aere cavo. invadunt socii et nova proelia temptant,   240
obscenas pelagi ferro foedare volucris.
sed neque vim plumis ullam nec vulnera tergo
accipiunt, celerique fuga sub sidera lapsae
semesam praedam et vestigia foeda relinquunt.
una in praecelsa consedit rupe Celaeno,   245
infelix vates, rumpitque hanc pectore vocem;

3. Buch 29

Hierhin verschlug es uns, und kaum waren wir in den
Hafen eingefahren, sieh, da erblicken wir wohlgenährte
Rinderherden überall im Gelände [220] und Ziegenscharen
ohne Hüter auf der Weide. Wir stürzen uns darauf, das
Schwert in der Hand, und laden die Götter und Iuppiter
selbst ein, mit uns die Beute zu teilen; dann richten wir in
der Bucht ein Lager her und tun uns gütlich am reichlichen
Schmaus. Doch plötzlich in schreckenerregendem Flug von
den Bergen herab treffen [225] die Harpyien ein: Sie schlagen
mit lautem Schwirren die Flügel, plündern die Mahlzeit
und besudeln alles mit ihrer ekelhaften Berührung; dann
noch das gräßliche Gekreisch zum scheußlichen Geruch!
Erneut bauen wir an einem weit abliegenden Platz unter der
Höhlung eines Felsens die Tafel auf und entzünden neu das
Feuer auf den Altären; [231]* erneut aus verschiedenen Him-
melsrichtungen und unsichtbaren Schlupfwinkeln kom-
mend, umsegelt die kreischende Schar das erbeutete Fleisch
mit gekrümmten Klauen, verunreinigt mit den Mäulern die
Mahlzeit. Die Gefährten heiße ich nun zu den Waffen zu
greifen, wir müßten Krieg führen mit der gräßlichen Sipp-
schaft. [235] Sie tun ganz, wie ihnen befohlen, verteilen ihre
Schwerter getarnt im Gras und legen die Schilde verborgen
zurecht. Alsdann, sobald die Harpyien herabsegelten und
die Bucht mit ihrem Flügelschlagen erfüllten, gibt das Si-
gnal Misenus von hoher Warte mit dem Horn. Die Gefähr-
ten greifen an und versuchen sich in einem ungewohnten
Gefecht, [240] wollen die scheußlichen Vögel vom Meer mit
dem Schwert blutig schlagen. Doch von deren Gefieder
gleiten völlig ab die kraftvollen Hiebe, und auch am Rücken
sind sie nicht zu verwunden: In schneller Flucht gleiten sie
hinauf zu den Sternen und hinterlassen dabei halb aufge-
fressen die Beute und ihre häßlichen Spuren. Nur eine ließ
sich auf einem Felsvorsprung nieder, Celaeno, [245] die Un-
heilsprophetin, und stößt aus ihrer Brust diese Laute her-

---

* Vers 230 bleibt (als Dublette zu *Aeneis* 1,311) unübersetzt.

Liber III

"bellum etiam pro caede boum stratisque iuvencis,
Laomedontiadae, bellumne inferre paratis
et patrio Harpyias insontis pellere regno?
accipite ergo animis atque haec mea figite dicta,   250
quae Phoebo pater omnipotens, mihi Phoebus Apollo
praedixit, vobis Furiarum ego maxima pando.
Italiam cursu petitis ventisque vocatis:
ibitis Italiam portusque intrare licebit.
sed non ante datam cingetis moenibus urbem   255
quam vos dira fames nostraeque iniuria caedis
ambesas subigat malis absumere mensas."
dixit, et in silvam pennis ablata refugit.
at sociis subita gelidus formidine sanguis
deriguit: cecidere animi, nec iam amplius armis,   260
sed votis precibusque iubent exposcere pacem,
sive deae seu sint dirae obscenaeque volucres.
et pater Anchises passis de litore palmis
numina magna vocat meritosque indicit honores:
"di, prohibete minas; di, talem avertite casum   265
et placidi servate pios."   tum litore funem
deripere excussosque iubet laxare rudentis.
tendunt vela Noti: fugimus spumantibus undis
qua cursum ventusque gubernatorque vocabat.
iam medio apparet fluctu nemorosa Zacynthos   270
Dulichiumque Sameque et Neritos ardua saxis.
effugimus scopulos Ithacae, Laertia regna,
et terram altricem saevi exsecramur Ulixi.
mox et Leucatae nimbosa cacumina montis
et formidatus nautis aperitur Apollo.   275

3. Buch 31

vor: ›Krieg noch angesichts unserer getöteten Rinder und
hingeschlachteten Stiere, Laomedonvolk, Krieg ins Land zu
tragen, schickt ihr euch an, und die Harpyien, die nichts
verbrochen haben, aus dem Reich ihrer Väter zu jagen?
Wohlan, nehmt auf mit euren Sinnen und prägt ihnen ein
diese meine Worte, [250] die dem Phoebus der allgewaltige
Vater, mir aber Phoebus Apollo geweissagt und die ich, der
Furien größte, euch hiermit eröffne. Italien ist das Ziel eu-
rer Fahrt, um Beistand der Winde habt ihr gebetet: Ihr wer-
det nach Italien segeln und dort in einen Hafen einlaufen
dürfen. Aber nicht eher werdet ihr die euch zugesprochene
Stadt mit Mauern umgürten, [255] als ein entsetzlicher Hun-
ger, die Strafe für das bei uns hier angerichtete Blutbad,
euch dazu treibt, in eure Tische zu beißen und sie mit eurem
Kiefer zu zerkauen.‹ So sprach sie, schwang sich auf ihren
Flügeln empor und zog sich in den Wald zurück. Doch den
Gefährten erstarrte eiskalt von jähem Entsetzen das Blut:
Ihr Mut sank dahin, und nicht länger mit Waffen, [260] son-
dern mit Gelübden und Gebeten heißen sie mich nun, um
Frieden zu flehen, ob sich's um Göttinnen handle oder um
grauenvolle, abstoßende Vögel. Und Vater Anchises ruft
vom Strand aus mit ausgestreckten Händen zu den großen
Gottheiten und kündigt gebührende Opfer an: ›Götter, ge-
bietet den Drohungen Einhalt; Götter, wendet ab solches
Unglück [265] und rettet gnädig uns gottesfürchtige Men-
schen!‹ Dann ordnet er an, vom Ufer das Halteseil loszurei-
ßen, die Segeltaue zu entrollen und schießen zu lassen. Es
spannt die Segel der Südwind; wir fliehen auf schäumenden
Wogen, wohin den Kurs nun Wind und Steuermann lenk-
ten. Bald tauchen mitten aus der Flut das waldreiche Zacyn-
thus [270] und Dulichium auf, Same auch und Neritus, steil
ragend mit seinen Felsen. Wir meiden Ithacas Klippen, das
Reich des Laertes, und verfluchen das Land, die Nährmut-
ter des grausamen Ulixes. Alsdann tut sich der umwölkte
Gipfel von Kap Leucates und der unter Seeleuten gefürch-
tete Apollotempel vor uns auf. [275] Ihn steuern wir müde

hunc petimus fessi et parvae succedimus urbi;
ancora de prora iacitur, stant litore puppes.

Ergo insperata tandem tellure potiti
lustramurque Iovi votisque incendimus aras,
Actiaque Iliacis celebramus litora ludis.   280
exercent patrias oleo labente palaestras
nudati socii: iuvat evasisse tot urbes
Argolicas mediosque fugam tenuisse per hostis.
interea magnum sol circumvolvitur annum
et glacialis hiems Aquilonibus asperat undas.   285
aere cavo clipeum, magni gestamen Abantis,
postibus adversis figo et rem carmine signo:
AENEAS HAEC DE DANAIS VICTORIBVS ARMA;
linquere tum portus iubeo et considere transtris.
certatim socii feriunt mare et aequora verrunt: 290
protinus aërias Phaeacum abscondimus arces
litoraque Epiri legimus portuque subimus
Chaonio et celsam Buthroti accedimus urbem.

Hic incredibilis rerum fama occupat auris,
Priamiden Helenum Graias regnare per urbis   295
coniugio Aeacidae Pyrrhi sceptrisque potitum,
et patrio Andromachen iterum cessisse marito.
obstipui, miroque incensum pectus amore
compellare virum et casus cognoscere tantos.
progredior portu classis et litora linquens,   300
sollemnis cum forte dapes et tristia dona
ante urbem in luco falsi Simoentis ad undam
libabat cineri Andromache manisque vocabat
Hectoreum ad tumulum, viridi quem caespite inanem
et geminas, causam lacrimis, sacraverat aras.   305

3. Buch · 33

an und steigen hinauf zu der kleinen Stadt; der Anker geht
nieder vom Bug, fest liegen am Gestade die Schiffe.

Nun, als wir endlich wider Erwarten festes Land gewon-
nen, bringen wir Iuppiter ein Sühneopfer dar und entzün-
den Altarfeuer, um unsere Gelübde einzulösen, und Acti-
ums Gestade verherrlichen wir mit der Feier ilischer Spiele.
[280] Ringkämpfe tragen nach heimischer Sitte die Gefährten
aus, nackt und glatt von Öl: Glücklich sind wir, so vielen
Griechenstädten entronnen zu sein und mitten durch die
Feinde die Flucht geschafft zu haben. Indes durchläuft die
Sonne den Kreis des langen Jahres, und ein eisiger Winter
sorgt für rauhe See mit Sturm aus dem Norden. [285] Aus
gewölbtem Erz einen Schild, die stolz getragene Last des
starken Abas, hefte ich vorn an die Tür und unterstreiche
die Gabe mit der Inschrift: AENEAS WEIHT DIESE VON
DEN SIEGREICHEN DANAERN ERBEUTETEN WAFFEN.
Dann gebe ich Befehl, auszulaufen und die Ruderbänke zu
besetzen. Um die Wette peitschen die Gefährten das Meer
und fegen über die See: [290] Alsbald lassen wir die hohen
Burgen der Phaeacen hinter uns, segeln an Epirus' Küste
entlang, laufen in den Hafen von Chaonien ein und gehen
auf die hochragende Stadt Buthrotum zu.

Hier dringt unglaubliche Kunde zu unseren Ohren, He-
lenus, ein Sohn des Priamus, herrsche im Gebiet griechi-
scher Städte, [295] nachdem er sich der Gattin des Aeacus-
nachkommen Pyrrhus und seines Zepters bemächtigt, und
Andromache gehöre wieder einem Mann aus der Heimat.
Ich geriet in Erstaunen, und mein Herz wurde erfüllt von
übermächtigem Verlangen, den Helden zu treffen und von
so bedeutenden Ereignissen zu erfahren. Vom Hafen gehe
ich weiter, lasse Flotte und Gestade hinter mir, [300] und
zufällig brachte da Opfermahl und Trauergaben in einem
Hain vor der Stadt an den Wassern des falschen Simois An-
dromache der Asche dar; die Manen rief sie an bei Hectors
Grab, das sie – leer – mit Rasen begrünt und wo sie zwei
Altäre geweiht hatte, um dort zu weinen. [305] Sobald sie

Zu 3,293–354

Zu 3,369–462

36   *Liber III*

ut me conspexit venientem et Troia circum
arma amens vidit, magnis exterrita monstris
deriguit visu in medio, calor ossa reliquit,
labitur, et longo vix tandem tempore fatur:
"verane te facies, verus mihi nuntius adfers,   310
nate dea? vivisne? aut, si lux alma recessit,
Hector ubi est?" dixit, lacrimasque effudit et omnem
implevit clamore locum. vix pauca furenti
subicio et raris turbatus vocibus hisco:
"vivo equidem vitamque extrema per omnia duco;   315
ne dubita, nam vera vides.
heu! quis te casus deiectam coniuge tanto
excipit, aut quae digna satis fortuna revisit,
Hectoris Andromache? Pyrrhin conubia servas?"
deiecit vultum et demissa voce locuta est: 320
"o felix una ante alias Priameia virgo,
hostilem ad tumulum Troiae sub moenibus altis
iussa mori, quae sortitus non pertulit ullos
nec victoris heri tetigit captiva cubile!
nos patria incensa diversa per aequora vectae   325
stirpis Achilleae fastus iuvenemque superbum
servitio enixae tulimus; qui deinde secutus
Ledaeam Hermionen Lacedaemoniosque hymenaeos
me famulo famulamque Heleno transmisit habendam.
ast illum ereptae magno flammatus amore   330
coniugis et scelerum furiis agitatus Orestes
excipit incautum patriasque obtruncat ad aras.
morte Neoptolemi regnorum reddita cessit
pars Heleno, qui Chaonios cognomine campos
Chaoniamque omnem Troiano a Chaone dixit,   335
Pergamaque Iliacamque iugis hanc addidit arcem.
sed tibi qui cursum venti, quae fata dedere?

3. Buch   37

mich ankommen sah und entgeistert die troischen Waffen
ringsum wahrnahm, erstarrte sie, fassungslos über das
große Wunder, mitten im Anblick; die Wärme wich ihr aus
Mark und Bein, sie schwankt, und nach langer Zeit erst
spricht sie mit Mühe: ›Kommst du zu mir in wahrer Ge-
stalt, als wahrer Bote, [310] Sohn der Göttin? Bist du am Le-
ben? Oder, wenn dein Lebenslicht erloschen ist, wo ist dann
Hector?‹ So sagte sie, vergoß Tränen und erfüllte den gan-
zen Platz mit lautem Klagegeschrei. Nur mühsam erwidere
ich der Verstörten ein paar Worte und stammle bestürzt: ›Ja,
ich lebe und friste mein Leben in äußerster Not; [315]
zweifle nicht: Was du siehst, ist Wirklichkeit. Ach, welches
Schicksal hat dich, eines so edlen Gatten beraubt, ereilt,
oder welches Geschick, das dir hinreichend gerecht wird, ist
dir zuteil geworden, Hectors Gattin, Andromache? Bist du
noch mit Pyrrhus verheiratet?‹ Sie senkte den Blick und
sprach mit gedämpfter Stimme: [320] ›O einzig glücklich vor
all den anderen Priamustöchtern, sie, der bestimmt war,
beim Grab des Feindes am Fuß der hochragenden Mauern
Troias zu sterben, die nicht ertragen mußte, daß um sie ge-
lost wurde, noch als Kriegsgefangene das Lager ihres Ge-
bieters berührte! Ich bin, als die Vaterstadt in Flammen auf-
gegangen war, über entlegene Meere gefahren, [325] habe den
Dünkel des Achillessprosses, den Hochmut des jungen
Mannes ertragen und in der Sklaverei ein Kind geboren;
dann folgte er Hermione, Ledas Enkelin, und ging eine
Spartanerehe ein; mich aber überließ er Helenus als Besitz,
dem Sklaven die Sklavin. Doch Pyrrhus, den Arglosen,
überfällt, in starker Liebe zu der ihm entrissenen Gattin
entflammt [330] und von den Rächerinnen seiner Verbrechen
gejagt, Orestes und erschlägt ihn am Altar des Vaters.
Durch den Tod des Neoptolemus ging der ihm zustehende
Teil der Herrschaft auf Helenus über, der chaonisch die Flu-
ren und das ganze Land Chaonien nannte nach dem Troia-
ner Chaon, [335] der Pergamum und die ilische Burg hier auf
den Höhen erbaute. Doch welche Winde, welche Fata ha-

38   *Liber III*

aut quisnam ignarum nostris deus appulit oris?
quid puer Ascanius?   superatne et vescitur aura?
quem tibi iam Troia –   340
ecqua tamen puero est amissae cura parentis?
ecquid in antiquam virtutem animosque virilis
et pater Aeneas et avunculus excitat Hector?"
talia fundebat lacrimans longosque ciebat
incassum fletus, cum sese a moenibus heros   345
Priamides multis Helenus comitantibus adfert,
agnoscitque suos laetusque ad limina ducit,
et multum lacrimas verba inter singula fundit.
procedo et parvam Troiam simulataque magnis
Pergama et arentem Xanthi cognomine rivum   350
agnosco, Scaeaeque amplector limina portae;
nec non et Teucri socia simul urbe fruuntur.
illos porticibus rex accipiebat in amplis:
aulai medio libabant pocula Bacchi
impositis auro dapibus, paterasque tenebant.   355

   Iamque dies alterque dies processit, et aurae
vela vocant tumidoque inflatur carbasus Austro:
his vatem adgredior dictis ac talia quaeso:
"Troiugena, interpres divum, qui numina Phoebi,
qui tripodas Clarii et laurus, qui sidera sentis   360
et volucrum linguas et praepetis omina pennae,
fare age (namque omnis cursum mihi prospera dixit
religio, et cuncti suaserunt numine divi
Italiam petere et terras temptare repostas;
sola novum dictuque nefas Harpyia Celaeno   365
prodigium canit et tristis denuntiat iras
obscenamque famem), quae prima pericula vito?
quidve sequens tantos possim superare labores?"
hic Helenus caesis primum de more iuvencis

3. Buch

ben deine Fahrt bestimmt? Oder welcher Gott hat dich eigentlich ohne dein Wissen an unserer Küste landen lassen? Was ist mit dem kleinen Ascanius? Ist er noch am Leben und atmet irdische Luft? Er, den dir schon Troia ... [340] Macht sich der Junge denn Sorgen um die verlorene Mutter? Spornen ihn wohl zu überkommener Tüchtigkeit und Mannesmut Vater Aeneas und sein Onkel Hector an?‹ Dies brachte sie unter Tränen hervor und weinte noch lange vergeblich; da nähert sich von der Festung der heldenhafte [345] Priamussohn Helenus mit großem Gefolge; er erkennt die Seinen und führt sie beglückt zu seinem Wohnsitz, dabei vergießt er im Gespräch reichlich Tränen. Im Weitergehen erkenne ich Klein-Troia und Pergamum, dem großen nachgebildet, dazu einen ausgetrockneten Bach, Xanthus genannt, [350] und umfasse die Schwelle des skäischen Tores; große Freude an der Schwesterstadt empfinden wie ich die Teucrer. Diese empfing der König unter geräumigen Kolonnaden: Inmitten des Hofes brachten sie ein Weinopfer dar – auf goldenem Geschirr war das Mahl angerichtet – und hielten in der Hand Trinkschalen. [355]

Und schon verstrich ein Tag nach dem andern, die Lüfte locken zur Seefahrt, und im anschwellenden Südwind bläht sich das Tuch; mit folgenden Worten trete ich an den Seher heran und äußere die Bitte: ›Sohn aus Troia, Deuter der Götter, der du den Willen des Phoebus, der du Orakel und Lorbeer des Gottes von Clarus, der du die Gestirne kennst, [360] die Sprache der Vögel und die Zeichen ihrer schnellen Schwingen, sag, bitte (denn die Orakel haben mir allesamt glückverheißend die Fahrtrichtung angesagt, alle Götter haben mir durch ihren Wink geraten, Italien anzusteuern und entlegenes Land aufzusuchen; allein die Harpyie Celaeno [365] weissagt ein beispielloses Zeichen – ein Frevel, davon zu reden –, kündet von unglückbringendem Zorn und ekelhaftem Hunger): Welche Gefahren meide ich zuerst? Welchen Weg soll ich einschlagen, um so große Plagen überstehen zu können?‹ Nun opfert Helenus zuerst nach dem

Liber III

exorat pacem divum vittasque resolvit   370
sacrati capitis, meque ad tua limina, Phoebe,
ipse manu multo suspensum numine ducit,
atque haec deinde canit divino ex ore sacerdos:
   "Nate dea (nam te maioribus ire per altum
auspiciis manifesta fides; sic fata deum rex   375
sortitur volvitque vices, is vertitur ordo),
pauca tibi e multis, quo tutior hospita lustres
aequora et Ausonio possis considere portu,
expediam dictis; prohibent nam cetera Parcae
scire Helenum farique vetat Saturnia Iuno.   380
principio Italiam, quam tu iam rere propinquam
vicinosque, ignare, paras invadere portus,
longa procul longis via dividit invia terris.
ante et Trinacria lentandus remus in unda
et salis Ausonii lustrandum navibus aequor   385
infernique lacus Aeaeaeque insula Circae,
quam tuta possis urbem componere terra.
signa tibi dicam, tu condita mente teneto:
cum tibi sollicito secreti ad fluminis undam
litoreis ingens inventa sub ilicibus sus   390
triginta capitum fetus enixa iacebit,
alba solo recubans, albi circum ubera nati,
is locus urbis erit, requies ea certa laborum.
nec tu mensarum morsus horresce futuros:
fata viam invenient aderitque vocatus Apollo.   395
has autem terras Italique hanc litoris oram,
proxima quae nostri perfunditur aequoris aestu,
effuge; cuncta malis habitantur moenia Grais.
hic et Narycii posuerunt moenia Locri,
et Sallentinos obsedit milite campos   400

3. Buch

Brauch die Stiere und erbittet den Frieden der Götter; darauf löst er die Binden [370] vom geweihten Haupt, nimmt mich selbst an der Hand und führt mich, der ich in Angst schwebte durch so viel göttliche Nähe, zu deiner Schwelle, Phoebus; dann verkündet dies der Priester aus gottbegeistertem Munde:

›Sohn der Göttin (denn daß du auf höhere Weisung übers Meer fährst, ist sicher verbürgt: So bestimmt der Herrscher der Götter [375] die Fata und sorgt für das Auf und Ab des Schicksals, so ist der Lauf der Welt), nur ein paar Sprüche von den vielen will ich dir berichten, damit du sicherer fremde Meere befährst und in einem Hafen Ausoniens vor Anker gehen kannst; denn es verwehren die Parzen, daß Helenus das übrige wisse, und zu sagen verbietet's Iuno, die Tochter des Saturnus. [380] Zunächst: Italien, das du schon nahe glaubst und dessen benachbarte Häfen anzulaufen du, Unwissender, vorhast – ein langer unwegsamer Weg durch entlegene Länder trennt dich davon noch weit. Zuvor muß in Trinacrias Wogen das Ruder sich biegen, und des Ausonischen Meeres Wasser ist mit Schiffen zu bereisen, [385] auch der Unterweltsee und die Insel der aeaeischen Circe, bevor du in einem sicheren Land eine Stadt gründen kannst. Zeichen will ich dir nennen, du sollst sie im Herzen bewahren: Wenn du, bekümmert, am Ufer eines entlegenen Flusses unter Eichen am Ufer eine gewaltige Sau gefunden hast, [390] die dort liegt, nachdem sie dreißig Ferkel geworfen, weiß, auf dem Boden ruhend, die weißen Frischlinge um die Zitzen geschart, wird dies der Ort für deine Stadt sein, dies ein sicherer Ruheplatz nach den Strapazen. Schaudere auch nicht davor zurück, eines Tages in die Tische beißen zu müssen: Die Fata werden ihren Weg finden, und Apollo, angerufen, wird dir beistehen. [395] Diese Landstriche jedoch und die Küste Italiens, die ganz nahe von der Brandung unseres Meeres bespült wird, meide: Alle Städte da werden von bösartigen Griechen bewohnt. Hier haben die Locrer aus Naryx eine Stadt errichtet, und die Sallentini-

Lyctius Idomeneus; hic illa ducis Meliboei
parva Philoctetae subnixa Petelia muro.
quin ubi transmissae steterint trans aequora classes
et positis aris iam vota in litore solves,
purpureo velare comas adopertus amictu,   405
ne qua inter sanctos ignis in honore deorum
hostilis facies occurrat et omina turbet.
hunc socii morem sacrorum, hunc ipse teneto;
hac casti maneant in religione nepotes.
ast ubi digressum Siculae te admoverit orae   410
ventus, et angusti rarescent claustra Pelori,
laeva tibi tellus et longo laeva petantur
aequora circuitu; dextrum fuge litus et undas.
haec loca vi quondam et vasta convulsa ruina
(tantum aevi longinqua valet mutare vetustas)   415
dissiluisse ferunt, cum protinus utraque tellus
una foret: venit medio vi pontus et undis
Hesperium Siculo latus abscidit, arvaque et urbes
litore diductas angusto interluit aestu.
dextrum Scylla latus, laevum implacata Charybdis   420
obsidet, atque imo barathri ter gurgite vastos
sorbet in abruptum fluctus rursusque sub auras
erigit alternos, et sidera verberat unda.
at Scyllam caecis cohibet spelunca latebris
ora exsertantem et navis in saxa trahentem.   425
prima hominis facies et pulchro pectore virgo
pube tenus, postrema immani corpore pistrix
delphinum caudas utero commissa luporum.
praestat Trinacrii metas lustrare Pachyni

3. Buch

schen Felder [400] hält mit Soldaten besetzt Idomeneus aus
Lyctus; hier liegt jenes kleine Petelia, erbaut von Philocte-
tes, dem Fürsten Meliboeas, geschützt durch eine Mauer.
Doch sobald deine Flotte das Meer überquert hat und vor
Anker gegangen ist, du aber Altäre errichtet hast und noch
am Strand dein Gelübde einlöst, hülle dich in ein Purpurge-
wand und bedecke damit dein Haar [405], damit nicht, wäh-
rend die heiligen Feuer zu Ehren der Götter brennen, ein
feindliches Gesicht dir begegne und die Zeichen störe. An
diesem Opferbrauch sollen deine Gefährten, sollst du selbst
festhalten; diesem frommen Ritus sollen treu bleiben gewis-
senhaft die Enkel. Wenn dich aber nach deiner Abreise der
Wind an die Küste Siziliens treibt [410] und die Barriere der
Meerenge von Pelorus sich weitet, sollst du zur Linken
Land und auf großem Umweg zur Linken das Meer zu er-
reichen suchen; zur Rechten meide Küste und Fluten! Diese
Gegend soll einst durch die Gewalt eines verheerenden Ein-
sturzes auseinandergesprengt worden sein (so viel Verände-
rung kann die lange Dauer der Zeiten bewirken!), [415] als
beide Teile des Landes noch eins waren: Mitten hinein
drang mit Macht das Meer, riß mit seinen Wellen die hespe-
rische Seite von der sizilischen ab und durchflutete mit sei-
nen brandenden Wogen Fluren und Städte, die nur durch
einen schmalen Küstenstreifen getrennt waren. Auf der
rechten Seite sitzt Scylla, auf der linken die grausame Cha-
rybdis, [420] und mit dem tiefsten Wirbel ihres Schlundes
schluckt sie dreimal unermeßliche Fluten in den Abgrund,
schleudert sie im Wechsel aufs neue hoch in die Lüfte und
peitscht die Sterne mit der Woge. Scylla hingegen wird von
einer Höhle mit finsteren Schlupfwinkeln umschlossen:
Von dort streckt sie ihre Köpfe hervor und zerrt die Schiffe
auf die Klippen. [425] Oben zeigt sie Menschengestalt und ist
bis zum Schoß ein Mädchen mit reizender Brust, unten ein
ungeschlachtes Meerungeheuer mit Delphinflossen, gefügt
an den Bauch eines Seewolfs. Besser ist's, langsam die Spitze
des trinacrischen Vorgebirges Pachynum zu passieren und

Liber III

cessantem, longos et circumflectere cursus,   430
quam semel informem vasto vidisse sub antro
Scyllam et caeruleis canibus resonantia saxa.
praeterea, si qua est Heleno prudentia vati,
si qua fides, animum si veris implet Apollo,
unum illud tibi, nate dea, proque omnibus unum   435
praedicam et repetens iterumque iterumque monebo,
Iunonis magnae primum prece numen adora,
Iunoni cane vota libens dominamque potentem
supplicibus supera donis: sic denique victor
Trinacria finis Italos mittere relicta.   440
huc ubi delatus Cumaeam accesseris urbem
divinosque lacus et Averna sonantia silvis,
insanam vatem aspicies, quae rupe sub ima
fata canit foliisque notas et nomina mandat.
quaecumque in foliis descripsit carmina virgo   445
digerit in numerum atque antro seclusa relinquit:
illa manent immota locis neque ab ordine cedunt.
verum eadem, verso tenuis cum cardine ventus
impulit et teneras turbavit ianua frondes,
numquam deinde cavo volitantia prendere saxo   450
nec revocare situs aut iungere carmina curat:
inconsulti abeunt sedemque odere Sibyllae.
hic tibi ne qua morae fuerint dispendia tanti,
quamuis increpitent socii et vi cursus in altum
vela vocet, possisque sinus implere secundos,   455
quin adeas vatem precibusque oracula poscas
ipsa canat vocemque volens atque ora resolvat.
illa tibi Italiae populos venturaque bella
et quo quemque modo fugiasque ferasque laborem

3. Buch

in weitem Bogen zu umfahren, [430] als auch nur einmal die
ungestalte Scylla in ihrer riesigen Höhle gesehen zu haben
und die vom Gebell ihrer blauschwarzen Hunde widerhal-
lenden Felsen. Außerdem, wenn der Seher Helenus irgend
Klugheit, wenn er irgend Glaubwürdigkeit besitzt, wenn
Apollo sein Herz mit Wahrheit erfüllt, dann will ich dies
eine dir, Sohn der Göttin, stellvertretend für alles dies eine
[435] einschärfen und ohne Unterlaß wieder und wieder ans
Herz legen: Zur hohen Gottheit der Iuno rufe zuerst im
Gebet, an Iuno richte willig Gelübde und erweiche die
mächtige Herrin mit demütigen Gaben: So wirst du endlich
siegreich Trinacria verlassen und nach Italien ziehen dürfen.
[440] Sobald du dort gelandet bist und die Stadt Cumae er-
reicht hast, den heiligen See und die von Wäldern rau-
schende Gegend um den Avernus, wirst du die gottbegei-
sterte Seherin erblicken, die tief in einer Felsenhöhle vom
Schicksal kündet und den Blättern Zeichen und Namen an-
vertraut. Alle Sprüche, welche die Jungfrau auf die Blätter
geschrieben hat, [445] bringt sie in eine Reihenfolge und läßt
sie in der Höhle verschlossen zurück: Sie bleiben fest an
ihrem Platz und geraten nicht aus der Ordnung. Wenn aber,
nachdem sich die Angel gedreht, ein Windhauch in sie ge-
fahren ist und die offene Tür die zarten Blätter durcheinan-
dergewirbelt hat, niemals kümmert sie sich dann, die in der
Höhlung des Felsens umherflatternden Sprüche zu fassen
[450] und ihnen ihren ursprünglichen Ort wiederzugeben
oder ihre Verbindung wiederherzustellen: Ohne Auskunft
gehen die Ratsuchenden weg und verwünschen den Sitz der
Sibylle. Halte hier einen Zeitverlust nicht für so wichtig,
wie sehr die Gefährten auch meutern, mit Macht der Kurs
die Segel aufs Meer ruft und du das Tuch mit günstigem
Fahrtwind füllen kannst: [455] Suche die Seherin auf und
bitte sie nachdrücklich, ihr Orakel persönlich zu verkünden
und willig den Mund zur Rede zu öffnen. Sie wird dir dann
von den Völkern Italiens und den kommenden Kriegen be-
richten und wie du jede Mühe meiden oder ertragen kannst

Liber III

expediet, cursusque dabit venerata secundos.   460
haec sunt quae nostra liceat te voce moneri.
vade age et ingentem factis fer ad aethera Troiam."

Quae postquam vates sic ore effatus amico est,
dona dehinc auro gravia ac secto elephanto
imperat ad navis ferri, stipatque carinis   465
ingens argentum Dodonaeosque lebetas,
loricam consertam hamis auroque trilicem,
et conum insignis galeae cristasque comantis,
arma Neoptolemi.   sunt et sua dona parenti.
addit equos, additque duces,   470
remigium supplet, socios simul instruit armis.

Interea classem velis aptare iubebat
Anchises, fieret vento mora ne qua ferenti.
quem Phoebi interpres multo compellat honore:
"coniugio, Anchisa, Veneris dignate superbo,   475
cura deum, bis Pergameis erepte ruinis,
ecce tibi Ausoniae tellus: hanc arripe velis.
et tamen hanc pelago praeterlabare necesse est:
Ausoniae pars illa procul quam pandit Apollo.
vade," ait "o felix nati pietate.   quid ultra   480
provehor et fando surgentis demoror Austros?"
nec minus Andromache digressu maesta supremo
fert picturatas auri subtemine vestis
et Phrygiam Ascanio chlamydem (nec cedit honore)
textilibusque onerat donis, ac talia fatur: 485
"accipe et haec, manuum tibi quae monimenta mearum
sint, puer, et longum Andromachae testentur amorem,
coniugis Hectoreae.   cape dona extrema tuorum,
o mihi sola mei super Astyanactis imago.

und wird, von dir verehrt, günstige Fahrt bescheren. [460]
Dies ist's, was ich dir mit meiner Stimme zu bedenken geben darf. Mach dich nun auf und erhebe durch deine Taten
zum Himmel das mächtige Troia!‹

Nachdem der Seher dies in freundlichem Ton so gesagt,
ordnet er weiter an, Geschenke schwer von Gold und geschnitztem Elfenbein zu den Schiffen zu bringen, läßt in
den Laderäumen [465] eine gewaltige Menge Silber verstauen
und Becken aus Dodona, einen Kettenpanzer aus dreifachem Golddraht geflochten, einen auffallenden spitzen
Helm mit wallendem Helmbusch, die Rüstung des Neoptolemus. Es sind auch Geschenke dabei, die für meinen Vater
bestimmt sind. Dazu gibt er Pferde, gibt dazu auch Wagenlenker, [470] ergänzt die Rudermannschaft und stattet die
Gefährten zugleich mit Waffen aus.

Inzwischen ließ Anchises die Flotte segelfertig machen,
um ja einen günstigen Wind nicht zu versäumen. Ihn
spricht der Deuter des Phoebus mit großer Ehrerbietung
an: ›Anchises, einst der erhabenen Vereinigung mit Venus
würdig erachtet, [475] Schutzbefohlener der Götter, zweimal
dem Untergang Troias entrissen, sieh, vor dir liegt Ausoniens Land: Dorthin fahre mit vollen Segeln. Doch mußt
du an ihm erst entlangsegeln: Der Teil Ausoniens, den
Apollo euch auftut, liegt fern. Mach dich auf den Weg‹,
sagte er, ›du glücklicher Vater eines liebenden Sohnes. Was
fahr ich noch weiter fort [480] und stehe durch mein Reden
dem aufkommenden Südwind im Weg?‹ Und auch Andromache, betrübt durch den endgültigen Abschied, bringt mit
goldenem Faden bestickte Gewänder und einen phrygischen Mantel für Ascanius (und steht damit in der Achtung
nicht nach), überhäuft ihn mit Geschenken aus Tuch und
spricht dann die Worte: [485] ›Empfang auch diese Dinge,
mein Sohn, zur Erinnerung an meiner Hände Arbeit und
zum Zeugnis der dauernden Liebe Andromaches, Hectors
Gattin. Nimm die letzten Geschenke der Deinen, du, das
einzige Abbild meines Astyanax, das mir noch blieb. Er

Liber III

sic oculos, sic ille manus, sic ora ferebat;   490
et nunc aequali tecum pubesceret aevo."
hos ego digrediens lacrimis adfabar obortis:
"vivite felices, quibus est fortuna peracta
iam sua: nos alia ex aliis in fata vocamur.
vobis parta quies: nullum maris aequor arandum,   495
arva neque Ausoniae semper cedentia retro
quaerenda. effigiem Xanthi Troiamque videtis
quam vestrae fecere manus, melioribus, opto,
auspiciis, et quae fuerit minus obvia Grais.
si quando Thybrim vicinaque Thybridis arva   500
intraro gentique meae data moenia cernam,
cognatas urbes olim populosque propinquos,
Epiro Hesperiam (quibus idem Dardanus auctor
atque idem casus), unam faciemus utramque
Troiam animis: maneat nostros ea cura nepotes."   505

  Provehimur pelago vicina Ceraunia iuxta,
unde iter Italiam cursusque brevissimus undis.
sol ruit interea et montes umbrantur opaci;
sternimur optatae gremio telluris ad undam
sortiti remos passimque in litore sicco   510
corpora curamus, fessos sopor inrigat artus.
necdum orbem medium Nox Horis acta subibat:
haud segnis strato surgit Palinurus et omnis
explorat ventos atque auribus aëra captat;
sidera cuncta notat tacito labentia caelo,   515
Arcturum pluviasque Hyadas geminosque Triones,
armatumque auro circumspicit Oriona.
postquam cuncta videt caelo constare sereno,
dat clarum e puppi signum; nos castra movemus
temptamusque viam et velorum pandimus alas.   520

3. Buch

blickte wie du, bewegte seine Hände wie du, sein Ausdruck war wie deiner; [490] und jetzt würde er, gleichaltrig, mit dir zusammen erwachsen.‹ Mir kamen die Tränen, und scheidend sprach ich zu allen: ›Lebt wohl, Glückliche, deren Geschick sich schon vollendet hat: Wir werden durchs Fatum von einer Prüfung zur nächsten gerufen. Euch ist Ruhe geschenkt: Keine Meeresflut müßt ihr mehr durchpflügen [495], auch nicht Ausoniens Fluren suchen, die sich immer wieder entziehen. Ihr seht vor euch das Abbild des Xanthus und ein Troia, das eure Hände gebaut unter besseren Vorzeichen, wie ich wünsche, und hoffentlich weniger preisgegeben den Griechen. Wenn ich einmal den Tiber und die dem Tiber benachbarten Fluren [500] erreiche und die meinem Volk bestimmten Mauern erblicke, werden wir eines Tages unsere verwandten Städte und benachbarten Völker, Hesperien und Epirus (die denselben Gründer, Dardanus, und dasselbe Schicksal haben), beide Troias im Geist zu einem verbinden: Doch das bleibe die Sorge unserer Enkel.‹ [505]

Wir fahren weiter übers Meer in die Nähe des benachbarten Ceraunia; von dort sind Reise und Überfahrt nach Italien am kürzesten. Inzwischen geht die Sonne unter, die dunklen Berge tauchen in Schatten; wir strecken uns im Schoß des ersehnten Landes am Ufer aus, nachdem wir die Ruderwache durch Los bestimmt, und schenken unserem Körper Ruhe allenthalben auf dem trockenen Strand, [510] Schlaf erquickt die erschöpften Glieder. Noch nicht nahte die Nacht, von den Horen geleitet, der Mitte ihrer Bahn: Da erhebt Palinurus sich munter vom Lager, erkundet alle Winde und lauscht den Lüften; er bezeichnet sämtliche Sterne, die am schweigenden Himmel dahingleiten, [515] Arcturus, die regenreichen Hyaden und die beiden Dreschochsen, betrachtet auch genau den goldgewappneten Orion. Nachdem er gesehen, daß alles am klaren Himmel seine Ordnung hat, gibt er deutlich vom Heck das Signal; wir brechen auf, machen uns auf den Weg und entfalten die Segel wie Flügel. [520]

Zu 3,463—505

Zu 3,506–569

Liber III

Iamque rubescebat stellis Aurora fugatis
cum procul obscuros collis humilemque videmus
Italiam.   Italiam primus conclamat Achates,
Italiam laeto socii clamore salutant.
tum pater Anchises magnum cratera corona   525
induit implevitque mero, divosque vocavit
stans celsa in puppi:
"di maris et terrae tempestatumque potentes,
ferte viam vento facilem et spirate secundi."
crebrescunt optatae aurae portusque patescit   530
iam propior, templumque apparet in arce Minervae;
vela legunt socii et proras ad litora torquent.
portus ab euroo fluctu curvatus in arcum,
obiectae salsa spumant aspergine cautes,
ipse latet: gemino demittunt bracchia muro   535
turriti scopuli refugitque ab litore templum.

Quattuor hic, primum omen, equos in gramine vidi
tondentis campum late, candore nivali.
et pater Anchises "bellum, o terra hospita, portas:
bello armantur equi, bellum haec armenta minantur.   540
sed tamen idem olim curru succedere sueti
quadripedes et frena iugo concordia ferre:
spes et pacis" ait.   tum numina sancta precamur
Palladis armisonae, quae prima accepit ovantis,
et capita ante aras Phrygio velamur amictu,   545
praeceptisque Heleni, dederat quae maxima, rite
Iunoni Argivae iussos adolemus honores.

Haud mora, continuo perfectis ordine votis
cornua velatarum obvertimus antemnarum,
Graiugenumque domos suspectaque linquimus arva.   550
hinc sinus Herculei (si vera est fama) Tarenti

3. Buch 53

Schon färbte sich rötlich der Morgen, nachdem die Sterne
vertrieben, als wir in der Ferne dunkle Hügel erblicken und
flach daliegend Italien. Italien, ruft als erster Achates, Ita-
lien, grüßen mit Jubelgeschrei die Gefährten. Da bekränzte
Vater Anchises einen großen Mischkrug, [525] füllte ihn mit
Wein und betete zu den Göttern, hoch auf dem Heck ste-
hend: ›Mächtige Götter des Meeres, der Erde und des Wet-
ters, schenkt uns eine leichte Fahrt vor dem Wind und
haucht uns Glück zu!‹ Die erwünschten Lüfte frischen auf,
und der Hafen erstreckt sich [530] näher schon, der Tempel
wird sichtbar auf der Burg der Minerva; die Gefährten ref-
fen die Segel und lassen die Schiffe am Strand beidrehen.
Die östliche Strömung hat den Hafen zum Bogen ge-
krümmt, die vorgelagerten Klippen sprühen von salzigem
Gischt, er selbst liegt dahinter: Turmhohe Felsen ziehen sich
armförmig herab und bilden eine doppelte Mauer; [535] der
Tempel liegt vom Ufer landeinwärts.

Hier sah ich – ein erstes Omen – vier Pferde im Gras, die
das Feld weithin abweideten, schneeweiß glänzend. Und
Vater Anchises sprach: ›Krieg bringst du, Land, das uns auf-
nimmt: Für den Krieg werden die Pferde gerüstet, Krieg
drohen diese Tiere an. [540] Aber dennoch werden dieselben
Rosse einst daran gewöhnt, sich vor den Wagen spannen zu
lassen und die Zügel unter dem Joch einträchtig zu tragen:
So vermitteln sie auch Hoffnung auf Frieden.‹ Dann beten
wir zur ehrwürdigen Gottheit der waffentönenden Pallas,
die als erste uns Jubelnde aufgenommen, verhüllen unsere
Häupter vor den Altären mit dem phrygischen Gewand,
[545] und nach den Vorschriften des Helenus, die er uns be-
sonders anbefohlen hatte, verbrennen wir nach dem Brauch
für die Iuno von Argos die gebotenen Opfergaben.

Es gibt kein Verweilen: Sogleich wenden wir, nachdem
die Gelübde der Ordnung entsprechend vollzogen sind, die
segeltragenden Rahen meerwärts, verlassen die Wohnsitze
der Griechen und die verdächtigen Fluren. [550] Darauf er-
kennt man den Golf von Tarent, einer Stadt des Hercu-

Liber III

cernitur, attollit se diva Lacinia contra,
Caulonisque arces et navifragum Scylaceum.
tum procul e fluctu Trinacria cernitur Aetna,
et gemitum ingentem pelagi pulsataque saxa   555
audimus longe fractasque ad litora voces,
exsultantque vada atque aestu miscentur harenae.
et pater Anchises "nimirum hic illa Charybdis:
hos Helenus scopulos, haec saxa horrenda canebat.
eripite, o socii, pariterque insurgite remis."   560
haud minus ac iussi faciunt, primusque rudentem
contorsit laevas proram Palinurus ad undas;
laevam cuncta cohors remis ventisque petivit.
tollimur in caelum curvato gurgite, et idem
subducta ad Manis imos desedimus unda.   565
ter scopuli clamorem inter cava saxa dedere,
ter spumam elisam et rorantia vidimus astra.
interea fessos ventus cum sole reliquit,
ignarique viae Cyclopum adlabimur oris.

Portus ab accessu ventorum immotus et ingens   570
ipse: sed horrificis iuxta tonat Aetna ruinis,
interdumque atram prorumpit ad aethera nubem
turbine fumantem piceo et candente favilla,
attollitque globos flammarum et sidera lambit;
interdum scopulos avulsaque viscera montis   575
erigit eructans, liquefactaque saxa sub auras
cum gemitu glomerat fundoque exaestuat imo.
fama est Enceladi semustum fulmine corpus
urgeri mole hac, ingentemque insuper Aetnam
impositam ruptis flammam exspirare caminis,   580
et fessum quotiens mutet latus, intremere omnem

3. Buch

les (wenn die Sage stimmt); gegenüber erheben sich das
Heiligtum der Göttin Lacinia, die Burgen von Caulon und
das schiffezerschmetternde Scylaceum. Dann taucht in der
Ferne aus der Flut Trinacrias Aetna auf, zugleich hören wir
des Meeres ungeheures Tosen, sein Klatschen an die Klip-
pen [555] von weither und den Schall der Brecher am Ge-
stade, hoch springt das Wasser, und in die Brandung mischt
sich der Sand. Und Vater Anchises schreit: ›Zweifellos ist
hier die berüchtigte Charybdis: Von diesen Riffen, diesen
schauerlichen Felsen kündete Helenus. Reißt uns heraus,
Gefährten, stemmt euch alle zugleich in die Ruder!‹ [560] Sie
folgen aufs Wort, und als erster drehte Palinurus den äch-
zenden Bug in die Wellen zur Linken; die ganze Mannschaft
steuerte nun nach links mit Hilfe von Ruder und Wind. Wir
werden zum Himmel emporgeworfen in einem kreisenden
Strudel, und ebenso sind wir, nachdem die Woge wegge-
rollt, schon wieder in die Tiefe der Unterwelt hinabgesun-
ken. [565] Dreimal hallten laut die Klippen zwischen den
ausgehöhlten Felsen, dreimal sahen wir den Schaum auf-
spritzen und die Sterne von Wasser triefen. Indessen verlie-
ßen uns Erschöpfte zugleich Wind und Sonne, und unkun-
dig des Weges treiben wir an die Küste der Cyclopen.

Der Hafen ist vor dem Ansturm der Winde geschützt,
seine Ausdehnung gewaltig: [570] Aber dicht daneben
dröhnt der Aetna mit seinen schreckenerregenden Klüften,
zuweilen stößt er eine düstere Wolke zum Himmel hervor,
in der pechschwarzer Rauch hochwirbelt und glühende
Asche, er speit Feuermassen aus und umzüngelt damit die
Sterne: Zuweilen wirft er aufstoßend Felsbrocken aus, im
Innern des Berges abgesprengte Trümmer, [575] schleudert
geschmolzenes Gestein unter Tosen in die Luft und wallt
aus tiefstem Grund auf. Es geht die Sage, der vom Blitz halb
verkohlte Leib des Enceladus werde von dieser Masse nie-
dergedrückt, und der riesige Aetna, der auf ihm liegt, stoße
aus geborstenen Essen Flammen aus, [580] und sooft der Er-
schöpfte sich umdrehe, erzittere ganz Trinacria dumpf und

Zu 3,570–582

Zu 3,590—654

58   *Liber III*

murmure Trinacriam et caelum subtexere fumo.
noctem illam tecti silvis immania monstra
perferimus, nec quae sonitum det causa videmus.
nam neque erant astrorum ignes nec lucidus aethra   585
siderea polus, obscuro sed nubila caelo,
et lunam in nimbo nox intempesta tenebat.

  Postera iamque dies primo surgebat Eoo
umentemque Aurora polo dimoverat umbram,
cum subito e silvis macie confecta suprema   590
ignoti nova forma viri miserandaque cultu
procedit supplexque manus ad litora tendit.
respicimus. dira inluvies immissaque barba,
consertum tegimen spinis: at cetera Graius,
et quondam patriis ad Troiam missus in armis.   595
isque ubi Dardanios habitus et Troia vidit
arma procul, paulum aspectu conterritus haesit
continuitque gradum; mox sese ad litora praeceps
cum fletu precibusque tulit: "per sidera testor,
per superos atque hoc caeli spirabile lumen,   600
tollite me, Teucri. quascumque abducite terras:
hoc sat erit. scio me Danais e classibus unum
et bello Iliacos fateor petiisse penatis.
pro quo, si sceleris tanta est iniuria nostri,
spargite me in fluctus vastoque immergite ponto;   605
si pereo, hominum manibus periisse iuvabit."
dixerat et genua amplexus genibusque volutans
haerebat. qui sit fari, quo sanguine cretus,
hortamur, quae deinde agitet fortuna fateri.
ipse pater dextram Anchises haud multa moratus   610
dat iuveni atque animum praesenti pignore firmat.

3. Buch

verfinstere seinen Himmel mit Rauch. In dieser Nacht müssen wir im Schutz der Wälder gräßliche Schreckenszeichen ertragen, können die Ursache des Getöses aber nicht erkennen. Denn die Feuer der Gestirne waren nicht zu sehen, das Himmelsgewölbe leuchtete nicht im Glanz seiner Sterne [585], sondern Wolken verdüsterten den Himmel, und tiefe Nacht hielt den Mond im Gewölk.

Schon erhob sich der nächste Tag mit der ersten Morgenröte, und Aurora hatte vom Himmel die feuchte Finsternis verscheucht: Da kommt plötzlich aus dem Wald, durch äußerste Auszehrung entkräftet, [590] die sonderbare Gestalt eines unbekannten Mannes in bejammernswertem Zustand und streckt flehend die Hände zur Küste. Wir schauen ihn an: schrecklicher Schmutz, herabwallender Bart, mit Dornen zusammengeheftete Lumpen; ansonsten offenbar ein Grieche, einst in heimischen Waffen nach Troia geschickt. [595] Sobald er unsere dardanische Kleidung und die troischen Waffen von fern erblickt hatte, stockte er kurz, vom Anblick erschreckt, und hielt im Schritt inne; dann stürzte er Hals über Kopf unter Weinen und Bitten zum Ufer: ›Ich beschwöre euch bei den Sternen, bei den Göttern und diesem belebenden Licht des Himmels, [600] nehmt mich mit, Teucrer! Bringt mich weg, in welches Land auch immer: Das wird mir genügen. Ich weiß, ich bin ein Mann von der Flotte der Danaer, und gestehe, im Krieg gegen die ilischen Penaten gekämpft zu haben. Dafür, wenn mein Verbrechen ein so schwerer Frevel ist, werft mich zerstückelt in die Fluten und ertränkt mich im unermeßlichen Meer; [605] wenn ich denn sterben muß, will ich froh sein, von Menschenhand zu sterben.‹ Nach diesen Worten umfaßte er unsere Knie, warf sich uns zu Füßen und verharrte in dieser Stellung. Wir ermuntern ihn zu sagen, wer er sei, aus welcher Familie er stamme, und zu erklären, welches Schicksal ihn umtreibe. Vater Anchises selbst reicht dem jungen Mann ohne langes Zögern [610] die Rechte und stärkt durch diese persönliche Geste dessen Mut. Der legt endlich seine Furcht ab und

Liber III

ille haec deposita tandem formidine fatur:
"sum patria ex Ithaca, comes infelicis Ulixi,
nomine Achaemenides, Troiam genitore Adamasto
paupere (mansissetque utinam fortuna!) profectus.   615
hic me, dum trepidi crudelia limina linquunt,
immemores socii vasto Cyclopis in antro
deseruere. domus sanie dapibusque cruentis,
intus opaca, ingens. ipse arduus, altaque pulsat
sidera (di talem terris avertite pestem!)   620
nec visu facilis nec dictu adfabilis ulli;
visceribus miserorum et sanguine vescitur atro.
vidi egomet duo de numero cum corpora nostro
prensa manu magna medio resupinus in antro
frangeret ad saxum, sanieque aspersa natarent   625
limina; vidi atro cum membra fluentia tabo
manderet et tepidi tremerent sub dentibus artus –
haud impune quidem, nec talia passus Ulixes
oblitusve sui est Ithacus discrimine tanto.
nam simul expletus dapibus vinoque sepultus   630
cervicem inflexam posuit, iacuitque per antrum
immensus saniem eructans et frusta cruento
per somnum commixta mero, nos magna precati
numina sortitique vices una undique circum
fundimur, et telo lumen terebramus acuto   635
ingens quod torva solum sub fronte latebat,
Argolici clipei aut Phoebeae lampadis instar,
et tandem laeti sociorum ulciscimur umbras.
sed fugite, o miseri, fugite atque ab litore funem
                                            rumpite.   640
nam qualis quantusque cavo Polyphemus in antro
lanigeras claudit pecudes atque ubera pressat,
centum alii curva haec habitant ad litora vulgo
infandi Cyclopes et altis montibus errant.

3. Buch   61

spricht dann die folgenden Worte: ›Meine Heimat ist Ithaca,
ich war ein Begleiter des unglücklichen Ulixes und heiße
Achaemenides; nach Troia zog ich, weil mein Vater Adama-
stus arm war (wäre das doch auch mein Schicksal geblie-
ben!). [615] Hier ließen mich die Gefährten, als sie zitternd
die grausame Schwelle verließen, achtlos in der wüsten
Höhle des Cyclopen zurück. Die Behausung ist voller Jau-
che und blutigem Fraß, drinnen finster, riesig. Er selbst ragt
steil auf und stößt an die Sterne hoch oben (ihr Götter, ver-
bannt ein solches Scheusal von der Erde!), [620] keinem fällt
es leicht, ihn anzuschauen, und keiner findet ihn zugänglich
für ein Wort; er nährt sich vom Fleisch elender Menschen
und ihrem schwärzlichen Blut. Ich habe mit eigenen Augen
gesehen, wie er die Körper von zweien unserer Leute mit
seiner großen Pranke packte und zurückgelehnt mitten in
der Höhle an einem Felsen zerschmetterte und wie die von
stinkigem Blut bespritzte Schwelle schwamm; [625] ich habe
auch gesehen, wie er die von schwarzem Blut triefenden
Glieder zermalmte und die noch warmen Gliedmaßen unter
seinen Zähnen zuckten – nicht ungestraft freilich, solches
duldete Ulixes nicht, noch vergaß der Ithacer seiner selbst
in so großer Gefahr. Denn sobald der Cyclop, voll von der
Mahlzeit und vom Wein übermannt, [630] den gebeugten
Nacken hingelegt hatte und nun riesig quer durch die
Höhle sich streckte, im Schlaf Jauche speiend und mit bluti-
gem Wein vermischte Brocken, flehten wir die hohen Gott-
heiten an und losten unseren Platz aus; dann umringen wir
ihn alle zugleich, wir durchbohren mit einem spitzen Pfahl
sein riesiges Auge, [635] das sich als einziges unter seiner
finsteren Stirn verbarg, einem argolischen Schild oder der
Fackel des Phoebus gleich, und rächen froh endlich die
Schatten unserer Gefährten. Doch flieht, ihr Armen, flieht
und löst eilends das Tau vom Ufer! [640] Denn von gleicher
Art und Größe wie Polyphemus, der im Bauch seiner
Höhle wollige Schafe einsperrt und ihre Euter melkt, woh-
nen hundert andere abscheuliche Cyclopen weit und breit

62 *Liber III*

tertia iam lunae se cornua lumine complent   645
cum vitam in silvis inter deserta ferarum
lustra domosque traho vastosque ab rupe Cyclopas
prospicio sonitumque pedum vocemque tremesco.
victum infelicem, bacas lapidosaque corna,
dant rami, et vulsis pascunt radicibus herbae.   650
omnia conlustrans hanc primum ad litora classem
conspexi venientem.   huic me, quaecumque fuisset,
addixi: satis est gentem effugisse nefandam.
vos animam hanc potius quocumque absumite leto."

    Vix ea fatus erat summo cum monte videmus   655
ipsum inter pecudes vasta se mole moventem
pastorem Polyphemum et litora nota petentem,
monstrum horrendum, informe, ingens, cui lumen
                                    ademptum.
trunca manum pinus regit et vestigia firmat;
lanigerae comitantur oves; ea sola voluptas   660
solamenque mali.
postquam altos tetigit fluctus et ad aequora venit,
luminis effossi fluidum lavit inde cruorem
dentibus infrendens gemitu, graditurque per aequor
iam medium, necdum fluctus latera ardua tinxit.   665
nos procul inde fugam trepidi celerare recepto
supplice sic merito tacitique incidere funem,
vertimus et proni certantibus aequora remis.
sensit, et ad sonitum vocis vestigia torsit.
verum ubi nulla datur dextra adfectare potestas   670
nec potis Ionios fluctus aequare sequendo,
clamorem immensum tollit, quo pontus et omnes

3. Buch

in dieser Bucht und streifen durch die hohen Berge. Zum
dritten Mal schon füllen sich die Hörner des Mondes mit
Licht, [645] seit ich mein Leben in den Wäldern inmitten ver-
lassener Lager und Behausungen wilder Tiere friste, seit ich
von einem Felsen aus die kolossalen Cyclopen beobachte
und vor dem Gedröhn ihrer Tritte und ihrer Stimmen er-
bebe. Ärmliche Kost, Beeren und steinharte Kornelkirschen
spenden mir die Bäume, und Kräuter, samt den Wurzeln
ausgerissen, ernähren mich. [650] Da ich nach allem Aus-
schau halte, sah ich heute zum ersten Mal eine Flotte, die
eure, der Küste sich nähern. Ihr habe ich mich ausgeliefert,
was immer sich hinter ihr verbergen sollte: Mir ist es genug,
dem verruchten Geschlecht zu entfliehen. Nehmt ihr mir
lieber das Leben, welchen Tod auch immer ihr wählt!‹

Kaum hatte er dies gesagt, als wir auf dem Gipfel des Ber-
ges den Hirten Polyphemus selbst sehen: [655] Inmitten sei-
ner Schafe bewegt er sich mit seinem unförmigen plumpen
Leib fort und strebt zu dem ihm vertrauten Strand, ein ab-
schreckendes Monstrum, ungeschlacht, riesig, des Augen-
lichtes beraubt. Eine behauene Pinie lenkt seine Hand und
sichert seine Schritte; die wolligen Schafe begleiten ihn; sie
sind seine einzige Freude [660] und ein Trost in seinem Un-
glück. Nachdem er das tiefe Wasser berührt, das Meer also
erreicht hatte, wusch er darin das Blut, das aus dem ausge-
stochenen Auge floß, ab, zähneknirschend und stöhnend:
Er schreitet schon mitten durchs Meer, und noch hat die
Flut seine hohen Hüften nicht benetzt. [665] Wir beschleuni-
gen jetzt in einiger Entfernung zitternd die Flucht, nachdem
wir den Flehenden, wie es sich gehört, an Bord genommen
haben; geräuschlos kappen wir die Taue und durchpflügen,
nach vorn in die Ruder gestemmt, um die Wette die Wogen.
Er merkte es und wandte seine Schritte dem Geräusch des
Kommandorufs zu. Als es ihm unmöglich ist, uns mit der
Hand zu packen, [670] und er auch nicht vermag, mit den
Fluten des Ionischen Meeres auf der Verfolgung mitzuhal-
ten, erhebt er ein ungeheures Geschrei, unter dem das Meer

Zu 3,655–691

Zu 3,707–713

Liber III

intremuere undae, penitusque exterrita tellus
Italiae curvisque immugiit Aetna cavernis.
at genus e silvis Cyclopum et montibus altis   675
excitum ruit ad portus et litora complent.
cernimus astantis nequiquam lumine torvo
Aetnaeos fratres caelo capita alta ferentis,
concilium horrendum: quales cum vertice celso
aëriae quercus aut coniferae cyparissi   680
constiterunt, silva alta Iovis lucusve Dianae.
praecipitis metus acer agit quocumque rudentis
excutere et ventis intendere vela secundis.
contra iussa monent Heleni, Scyllamque Charybdinque
inter, utrimque viam leti discrimine parvo,   685
ni teneam cursus: certum est dare lintea retro.
ecce autem Boreas angusta ab sede Pelori
missus adest: vivo praetervehor ostia saxo
Pantagiae Megarosque sinus Thapsumque iacentem.
talia monstrabat relegens errata retrorsus   690
litora Achaemenides, comes infelicis Ulixi.

   Sicanio praetenta sinu iacet insula contra
Plemyrium undosum; nomen dixere priores
Ortygiam.   Alpheum fama est huc Elidis amnem
occultas egisse vias subter mare, qui nunc   695
ore, Arethusa, tuo Siculis confunditur undis.
iussi numina magna loci veneramur, et inde
exsupero praepingue solum stagnantis Helori.
hinc altas cautes proiectaque saxa Pachyni
radimus, et fatis numquam concessa moveri   700
apparet Camerina procul campique Geloi,

3. Buch

und alle seine Wellen erzitterten und bis ins Innerste die Erde Italiens erschrak und der Aetna in seinen bauchigen Höhlen aufbrüllte. Doch das Volk der Cyclopen, aufgescheucht aus den Wäldern und hohen Bergen, [675] stürzt zum Hafen und füllt den Strand. Wir sehen dastehen, umsonst, mit finsterem Blick, die Brüder vom Aetna, die Häupter hoch zum Himmel reckend, eine schreckliche Versammlung: So stehen auf ragendem Gipfel, in die Lüfte sich streckend, die Eichen und zapfentragenden Zypressen, [680] der hohe Wald des Iuppiter und der Hain der Diana. Da treibt wilde Angst uns, Hals über Kopf die Segeltaue zu entrollen – wohin es geht, ist uns gleich – und die Segel in günstigen Wind zu setzen. Hingegen mahnen mich die Weisungen des Helenus, nicht zwischen Scylla und Charybdis hindurchzusteuern, links oder rechts ein Weg am Abgrund des Todes: [685] Ich bin entschlossen abzudrehen. Doch sieh, da kommt der Boreas, aus der Meerenge von Pelorus geschickt, uns zu Hilfe. Ich fahre an der gewachsenen Felsenkulisse der Mündung des Pantagias vorbei, am Golf von Megara und am tiefgelegenen Thapsus. Das waren die Gestade seiner früheren Irrfahrt, die uns auf der Fahrt in entgegengesetzter Richtung [690]]Achaemenides zeigte, der Gefährte des unglückseligen Ulixes.

Dem sicanischen Golf vorgelagert liegt eine Insel, dem wellenumspülten Plemyrium gegenüber; die Alten nannten sie Ortygia. Es geht die Sage, daß der Alpheus, Fluß von Elis, einen verborgenen Lauf unterm Meer hierhin gebahnt habe und sich nun [695] an deiner Mündung, Arethusa, mit sizilischen Gewässern vermengt. Wie befohlen, verehren wir die hohen Gottheiten des Ortes, und dann passiere ich das fette Überschwemmungsgebiet des Helorus. Von hier aus segeln wir an den steilen Klippen und vorspringenden Felsen von Kap Pachynum vorbei, und in der Ferne taucht Camerina auf, dem durch Orakel eine Veränderung für immer verwehrt worden, [700] und dann die Ebene von Gela und Gela selbst, nach dem Namen seines wilden Flusses be-

Liber III

immanisque Gela fluvii cognomine dicta.
arduus inde Acragas ostentat maxima longe
moenia, magnanimum quondam generator equorum;
teque datis linquo ventis, palmosa Selinus,   705
et vada dura lego saxis Lilybeia caecis.
hinc Drepani me portus et inlaetabilis ora
accipit.   hic pelagi tot tempestatibus actus
heu, genitorem, omnis curae casusque levamen,
amitto Anchisen.   hic me, pater optime, fessum   710
deseris, heu, tantis nequiquam erepte periclis!
nec vates Helenus, cum multa horrenda moneret,
hos mihi praedixit luctus, non dira Celaeno.
hic labor extremus, longarum haec meta viarum,
hinc me digressum vestris deus appulit oris.'   715

   Sic pater Aeneas intentis omnibus unus
fata renarrabat divum cursusque docebat.
conticuit tandem factoque hic fine quievit.

3. Buch

nannt. Darauf läßt das hochragende Acragas weithin seine
mächtigen Mauern sehen, einst Zuchtland edler Pferde;
auch dich lasse ich unter günstigem Wind hinter mir, pal-
menreiches Selinus, [705] und segle an den gefährlichen Un-
tiefen von Lilybaeum vorbei mit ihren verborgenen Riffen.
Danach empfängt mich Drepanums Hafen und sein un-
fruchtbarer Küstenstreifen. Hier verliere ich, von so vielen
Meeresstürmen umhergetrieben, ach, den Trost in aller
Sorge und Not, meinen Vater Anchises. Hier läßt du, ge-
liebter Vater, mich erschöpft [710] allein, ach, umsonst so
großen Gefahren entrissen! Nicht hat der Seher Helenus,
obwohl er viel Schreckenerregendes kundtat, mir diesen
Kummer prophezeit, auch nicht die unheilvolle Celaeno.
Dies war die letzte Mühsal, dies der Wendepunkt meiner
langen Fahrten; als ich von da geschieden, ließ mich eine
Gottheit an eurer Küste landen.« [715]

So ließ Vater Aeneas allein, während alle aufmerksam zu-
hörten, die durch Götterspruch bestimmten Ereignisse
nacherleben und beschrieb seine Reise. Endlich verstummte
er, endete an dieser Stelle und ruhte aus.

P. Vergili Maronis
Aeneidos

Liber IV

At regina gravi iamdudum saucia cura
vulnus alit venis et caeco carpitur igni.
multa viri virtus animo multusque recursat
gentis honos; haerent infixi pectore vultus
verbaque nec placidam membris dat cura quietem.   5
postera Phoebea lustrabat lampade terras
umentemque Aurora polo dimoverat umbram,
cum sic unanimam adloquitur male sana sororem:
'Anna soror, quae me suspensam insomnia terrent!
quis novus hic nostris successit sedibus hospes,   10
quem sese ore ferens, quam forti pectore et armis!
credo equidem, nec vana fides, genus esse deorum.
degeneres animos timor arguit. heu, quibus ille
iactatus fatis! quae bella exhausta canebat!
si mihi non animo fixum immotumque sederet   15
ne cui me vinclo vellem sociare iugali,
postquam primus amor deceptam morte fefellit;
si non pertaesum thalami taedaeque fuisset,
huic uni forsan potui succumbere culpae.
Anna (fatebor enim) miseri post fata Sychaei   20
coniugis et sparsos fraterna caede penatis
solus hic inflexit sensus animumque labantem
impulit. agnosco veteris vestigia flammae.
sed mihi vel tellus optem prius ima dehiscat

P. Vergilius Maro
Aeneis

4. Buch

Doch die Königin, längst schon getroffen von schwerem Liebesleid, nährt die Wunde mit ihrem Blut und verzehrt sich in verborgenem Feuer. Der große Mut des Helden, der große Ruhm seiner Herkunft schweben ihr immer wieder vor. Tief in ihrem Herzen haften seine Züge und Worte, und die Sehnsucht versagt ihren Gliedern die entspannte Ruhe. [5] Am folgenden Tag erleuchtete Aurora mit der Fackel des Phoebus die Welt, nachdem sie vom Himmel die Feuchte der Nacht vertrieben; da wandte sich Dido verstört an die Schwester, ihr zweites Ich, mit den Worten: »Anna, Schwester, welche Traumbilder schrecken mich in meiner inneren Zerrissenheit! Welch ungewöhnlicher Mann hat als Gast unser Haus betreten! [10] Wie tritt er auf, wie groß ist sein Mut, seine Tatkraft! Ja, ich glaube, und mein Glaube trügt nicht, er stammt von den Göttern. Gewöhnliche Sterbliche verrät die Furcht. Ach, welches Fatum hat ihn umhergetrieben; von welchen Kriegen, die er durchgestanden, hat er erzählt! Wäre es nicht mein fester und unerschütterlicher Entschluß, [15] nicht noch einmal mit einem Mann den Bund der Ehe einzugehen, nachdem mich – vom Tod hintergangen – die erste Liebe getäuscht, wären mir nicht Hochzeit und ihre Fackeln ein Graus, könnte ich vielleicht dieser einen Versuchung erliegen. Anna, ich gebe es ja zu, nach dem Tod des unglücklichen Sychaeus, [20] meines Gatten, und nachdem das Haus durch die Bluttat des Bruders besudelt, hat einzig dieser Mann an meine Empfindungen gerührt und meinen Vorsatz ins Wanken gebracht: Ich erkenne sie wieder, die Zeichen früherer Leidenschaft. Doch eher wünschte ich, daß sich mir die Tiefen der Erde auftäten

Zu 4,9—29

Zu 4,56—64

Liber IV

vel pater omnipotens adigat me fulmine ad umbras,   25
pallentis umbras Erebo noctemque profundam,
ante, pudor, quam te violo aut tua iura resolvo.
ille meos, primus qui me sibi iunxit, amores
abstulit; ille habeat secum servetque sepulcro.'
sic effata sinum lacrimis implevit obortis.   30

  Anna refert: 'o luce magis dilecta sorori,
solane perpetua maerens carpere iuventa
nec dulcis natos Veneris nec praemia noris?
id cinerem aut manis credis curare sepultos?
esto: aegram nulli quondam flexere mariti,   35
non Libyae, non ante Tyro; despectus Iarbas
ductoresque alii, quos Africa terra triumphis
dives alit: placitone etiam pugnabis amori?
nec venit in mentem quorum consederis arvis?
hinc Gaetulae urbes, genus insuperabile bello,   40
et Numidae infreni cingunt et inhospita Syrtis;
hinc deserta siti regio lateque furentes
Barcaei.   quid bella Tyro surgentia dicam
germanique minas?
dis equidem auspicibus reor et Iunone secunda   45
huc cursum Iliacas vento tenuisse carinas.
quam tu urbem, soror, hanc cernes, quae surgere regna
coniugio tali!   Teucrum comitantibus armis
Punica se quantis attollet gloria rebus!
tu modo posce deos veniam, sacrisque litatis   50
indulge hospitio causasque innecte morandi,

4. Buch 75

oder mich der allgewaltige Vater mit seinem Blitzstrahl zu
den Schatten schleuderte, [25] zu den bleichen Schatten im
Erebus und in die Tiefe der Nacht, als daß ich dich, Pudor,
verletze oder deine Rechte außer Kraft setze. Er, der als er-
ster sich mir verband, hat meine Liebe mitgenommen; er
soll sie behalten und im Grab bewahren.« So sprach sie und
netzte ihr Gewand mit den Tränen, die ihr in die Augen ge-
schossen waren. [30]

Anna erwiderte: »Schwester, die ich mehr liebe als das
Licht, willst du allein deine ganze Jugend vertrauern, nichts
wissen von lieben Kindern, nichts von den Gaben der Ve-
nus? Glaubst du, daß Totenasche oder Seelen im Grab sich
darum noch kümmern? Nun gut, früher, als du unglücklich
warst, konnte kein Freier dich umstimmen, [35] weder in Li-
byen noch vorher in Tyrus. Iarbas sah sich verschmäht und
andere Führer, die auf der an Triumphen reichen Erde Afri-
kas leben; aber willst du auch gegen eine Liebe ankämpfen,
die dir willkommen ist? Denkst du nicht daran, auf welcher
Menschen Land du dich angesiedelt hast? Auf der einen
Seite umschließen dich die Städte der Gaetuler, eines im
Krieg unschlagbaren Stammes, [40] und die Numider, Reiter
ohne Zügel, und die unwirtliche Syrte, auf der anderen eine
durch Wassermangel verödete Gegend und weithin der
wilde Stamm der Barcaeer. Soll ich auch noch den Krieg
nennen, der sich von Tyrus her erhebt, und die Drohungen
deines Bruders? Ich jedenfalls glaube, daß durch Führung
der Götter und eine günstig gesinnte Iuno [45] die Schiffe
aus Ilium hierhin unter dem Wind Kurs hielten. Wie mäch-
tig wirst du, Schwester, diese Stadt, wie mächtig das Reich
sich erheben sehen durch solch eine Ehe! Zu welcher Höhe
wird punischer Ruhm sich erheben im Bund mit troiani-
schen Waffen! Du, bitte nur die Götter um Nachsicht, und
wenn du unter günstigen Vorzeichen geopfert, [50] widme
dich ganz der Gastfreundschaft, reihe dann aneinander
Gründe für weiteren Aufenthalt, solange sich Kälte und Re-

Liber IV

dum pelago desaevit hiems et aquosus Orion,
quassataeque rates, dum non tractabile caelum.'

His dictis impenso animum flammavit amore
spemque dedit dubiae menti solvitque pudorem.   55
principio delubra adeunt pacemque per aras
exquirunt; mactant lectas de more bidentis
legiferae Cereri Phoeboque patrique Lyaeo,
Iunoni ante omnis, cui vincla iugalia curae.
ipsa tenens dextra pateram pulcherrima Dido   60
candentis vaccae media inter cornua fundit,
aut ante ora deum pinguis spatiatur ad aras,
instauratque diem donis, pecudumque reclusis
pectoribus inhians spirantia consulit exta.
heu, vatum ignarae mentes! quid vota furentem,   65
quid delubra iuvant? est mollis flamma medullas
interea et tacitum vivit sub pectore vulnus.
uritur infelix Dido totaque vagatur
urbe furens, qualis coniecta cerva sagitta,
quam procul incautam nemora inter Cresia fixit   70
pastor agens telis liquitque volatile ferrum
nescius: illa fuga silvas saltusque peragrat
Dictaeos; haeret lateri letalis harundo.

Nunc media Aenean secum per moenia ducit
Sidoniasque ostentat opes urbemque paratam,   75
incipit effari mediaque in voce resistit;
nunc eadem labente die convivia quaerit,
Iliacosque iterum demens audire labores
exposcit pendetque iterum narrantis ab ore.
post ubi digressi, lumenque obscura vicissim   80
luna premit suadentque cadentia sidera somnos,
sola domo maeret vacua stratisque relictis
incubat. illum absens absentem auditque videtque,

4. Buch

gen im Zeichen des Orion auf dem Meer austoben, solange
die Flotte noch beschädigt, das Wetter noch stürmisch ist.«

Mit diesen Worten läßt sie in der Schwester heftige Liebe
aufflammen, schenkt der Zweifelnden Hoffnung und läßt
sie ihre Scham vergessen. [55] Zunächst suchen sie die Tem-
pel auf und bitten an den Altären um Frieden; sie opfern
nach Brauch auserlesene Schafe der Satzung stiftenden Ce-
res, Phoebus Apollo, Vater Lyaeus und vor allen anderen
Iuno, die Sorge trägt für das Band der Ehe. Dido, über die
Maßen schön, hält selbst in der Rechten die Opferschale [60]
und gießt den Wein mitten zwischen die Hörner einer wei-
ßen Kuh, schreitet dann auch unter dem Blick der Götter
hin zu übervollen Altären; festlich beginnt sie den Tag mit
Opfern, blickt gebannt auf die geöffneten Leiber der Opfer-
tiere und befragt die noch zuckenden Eingeweide. Ihr un-
wissenden Seher! Was helfen einer Rasenden Gelübde, [65]
was Heiligtümer? Indessen verzehrt die zarte Flamme ihr
Innerstes, und im stillen schwärt die Wunde tief in ihrem
Herzen. Von Leidenschaft getrieben, streift die unglückliche
Dido außer sich durch die ganze Stadt gleich der vom Pfeil
getroffenen Hirschkuh, die – das unvorsichtige Tier – ein in
den Waldschluchten Kretas [70] jagender Hirt von fern traf
und ahnungslos das fliegende Geschoß in der Wunde ließ:
Auf ihrer Flucht streift sie durch die Täler und Wälder des
Dictegebirges; in ihrer Seite steckt noch der tödliche Schaft.

Bald führt Dido Aeneas mit sich mitten durch die Fe-
stung, zeigt ihm die sidonische Macht und die Stadt, die be-
reit ist, [75] ihn aufzunehmen, beginnt zu sprechen und
stockt mitten im Wort; bald drängt sie bei Einbruch der
Dunkelheit wieder zur Tafel, verlangt in ihrem Wahn, wie-
der und wieder von den Mühsalen der Troer zu hören, und
hängt aufs neue an den Lippen des Erzählers. Sind sie dann
auseinandergegangen, wenn der verblassende Mond wieder
sein Licht verliert [80] und die sinkenden Sterne zum Schlaf
mahnen, trauert sie einsam im leeren Haus und liegt auf den
verlassenen Polstern: Obwohl voneinander getrennt, hört

78   *Liber IV*

aut gremio Ascanium genitoris imagine capta
detinet, infandum si fallere possit amorem.   85
non coeptae adsurgunt turres, non arma iuventus
exercet portusve aut propugnacula bello
tuta parant: pendent opera interrupta minaeque
murorum ingentes aequataque machina caelo.
    Quam simul ac tali persensit peste teneri   90
cara Iovis coniunx nec famam obstare furori,
talibus adgreditur Venerem Saturnia dictis:
'egregiam vero laudem et spolia ampla refertis
tuque puerque tuus: magnum et memorabile numen,
una dolo divum si femina victa duorum est.   95
nec me adeo fallit veritam te moenia nostra
suspectas habuisse domos Karthaginis altae.
sed quis erit modus, aut quo nunc certamine tanto?
quin potius pacem aeternam pactosque hymenaeos
exercemus? habes tota quod mente petisti: 100
ardet amans Dido traxitque per ossa furorem.
communem hunc ergo populum paribusque regamus
auspiciis; liceat Phrygio servire marito
dotalisque tuae Tyrios permittere dextrae.'
    Olli (sensit enim simulata mente locutam,   105
quo regnum Italiae Libycas averteret oras)
sic contra est ingressa Venus: 'quis talia demens
abnuat aut tecum malit contendere bello?
si modo quod memoras factum fortuna sequatur.
sed fatis incerta feror, si Iuppiter unam   110
esse velit Tyriis urbem Troiaque profectis,

4. Buch 79

und sieht sie ihn dann, oder sie hält Ascanius umschlungen, tief beeindruckt von seiner Ähnlichkeit mit dem Vater, und möchte so die unsagbare Liebe täuschen. [85] Nicht schreitet der Bau der Türme voran, nicht mehr übt sich die Jugend in den Waffen, auch arbeitet man nicht mehr an Hafen und Bastionen zur Sicherung für den Kriegsfall: Unterbrochene Arbeiten, gewaltige Zinnen und in den Himmel ragendes Baugerüst liegen verlassen da.

Als nun Iuppiters teure Gattin bemerkte, daß Dido von solcher Krankheit befallen war [90] und auch der Gedanke an ihren guten Ruf der blinden Leidenschaft keinen Widerstand bot, wandte sich Saturns Tochter mit diesen Worten an Venus: »Ihr heimst wahrhaft ausgezeichneten Ruhm und reiche Beute ein, du und dein Söhnchen; bedeutend und denkwürdig ist göttliches Wirken, wenn *eine* Frau der List zweier Gottheiten erlegen ist. [95] Aber es bleibt mir eben nicht verborgen, daß du die Mauern unserer Stadt fürchtest, die Häuser des hochragenden Karthago deinen Argwohn erregen. Aber wie weit soll das gehen, oder wohin geraten wir nun in einem Streit solcher Größe? Wollen wir nicht lieber ewigen Frieden und ein eheliches Bündnis stiften? Du hast doch erreicht, was du von ganzem Herzen gewünscht hast. [100] Das Feuer der Liebe hat Dido ergriffen, und die Leidenschaft ist ihr bis ins Mark gedrungen. Laß uns also dieses Volk vereinen und mit gleichen Machtbefugnissen leiten; mag sie dem phrygischen Gatten dienen und ihre Tyrier als Mitgift in deine Hand geben.«

Venus merkte natürlich, daß Iuno in heuchlerischer Absicht gesprochen, [105] um die Herrschaft über Italien an die libysche Küste zu verpflanzen; sie entgegnete ihr also: »Wer wäre so wahnsinnig, ein solches Angebot abzulehnen, oder zöge es vor, mit dir Krieg anzufangen? Wenn nur dem von dir erwähnten Ereignis auch Glück beschieden wäre! Doch ich bin durch das Fatum im Ungewissen, ob Iuppiter will, [110] daß in *einer* Stadt wohnen die Tyrier und die Ankömmlinge aus Troia, und ob er gutheißt, daß

Zu 4,84–128

Zu 4,151–172

Liber IV

miscerive probet populos aut foedera iungi.
tu coniunx, tibi fas animum temptare precando.
perge, sequar.' tum sic excepit regia Iuno:
'mecum erit iste labor. nunc qua ratione quod instat   115
confieri possit, paucis (adverte) docebo.
venatum Aeneas unaque miserrima Dido
in nemus ire parant, ubi primos crastinus ortus
extulerit Titan radiisque retexerit orbem.
his ego nigrantem commixta grandine nimbum,   120
dum trepidant alae saltusque indagine cingunt,
desuper infundam et tonitru caelum omne ciebo.
diffugient comites et nocte tegentur opaca:
speluncam Dido dux et Troianus eandem
devenient. adero et, tua si mihi certa voluntas,   125
conubio iungam stabili propriamque dicabo.
hic hymenaeus erit.' non adversata petenti
adnuit atque dolis risit Cytherea repertis.

Oceanum interea surgens Aurora reliquit.
it portis iubare exorto delecta iuventus,   130
retia rara, plagae, lato venabula ferro,
Massylique ruunt equites et odora canum vis.
reginam thalamo cunctantem ad limina primi
Poenorum exspectant, ostroque insignis et auro
stat sonipes ac frena ferox spumantia mandit.   135
tandem progreditur magna stipante caterva
Sidoniam picto chlamydem circumdata limbo;
cui pharetra ex auro, crines nodantur in aurum,
aurea purpuream subnectit fibula vestem.
nec non et Phrygii comites et laetus Iulus   140
incedunt. ipse ante alios pulcherrimus omnis

die Völker sich mischen und Bündnisse schließen. Du bist mit ihm verheiratet; du hast das Recht, ihn mit Bitten zu bestürmen. Geh also, ich folge dir.« Darauf antwortete die Herrscherin Iuno: »Das soll meine Aufgabe sein; doch wie, was uns drängt, [115] zuwege gebracht werden kann, will ich dir nun in wenigen Worten mitteilen: Hör zu! Zur Jagd wollen Aeneas und Dido, die Ärmste, zusammen in den Wald ziehen, sobald Sol, der Titan, morgen das erste Licht schickt und mit seinen Strahlen den Erdkreis erhellt. Über die beiden werde ich eine schwärzliche Gewitterwolke mit Hagel vermischt ausschütten, [120] während die Jäger in Eile das bewaldete Tal mit ihrem Netzwerk einkreisen, und werde mit Donner den ganzen Himmel erschüttern. Flüchten werden die Begleiter hierhin und dahin, und finstere Nacht wird sich auf sie senken: Dido und der Troerfürst werden in dieselbe Höhle gelangen. Ich werde zur Stelle sein, und wenn mir deine Einwilligung sicher ist, [125] werde ich Dido mit Aeneas in dauerhafter Ehe verbinden und ihm ganz zu eigen geben: Das soll ihre Hochzeit sein.« Ohne Widerspruch stimmte Venus ihrer Bitte zu und lachte über die ausgeheckte List.

Indes verließ Aurora den Ozean und stieg am Himmel empor. Die erlesene junge Mannschaft zieht im ersten Sonnenlicht aus den Toren; [130] dabei weitmaschige Netze, Schlingen, Jagdspieße mit breiten Eisen; massylische Reiter stürmen hinaus und die witternde Meute der Hunde. Die Vornehmsten der Punier erwarten die in ihrem Gemach noch säumende Königin an der Schwelle, prachtvoll in Purpur und Gold steht ihr Roß, kaut wild auf dem schäumenden Zaumzeug. [135] Endlich tritt sie hervor, von einer großen Schar umgeben, gehüllt in einen sidonischen Mantel mit buntbesticktem Saum. Sie trägt einen Köcher aus Gold, ihr Haar ist zu einem goldenen Knoten geknüpft, eine goldene Fibel hält das purpurne Kleid zusammen. Auch die phrygischen Begleiter kommen daher, unter ihnen der frohgestimmte Iulus. [140] Aeneas selbst, der an Schönheit alle an-

Liber IV

infert se socium Aeneas atque agmina iungit.
qualis ubi hibernam Lyciam Xanthique fluenta
deserit ac Delum maternam invisit Apollo
instauratque choros, mixtique altaria circum   145
Cretesque Dryopesque fremunt pictique Agathyrsi;
ipse iugis Cynthi graditur mollique fluentem
fronde premit crinem fingens atque implicat auro,
tela sonant umeris: haud illo segnior ibat
Aeneas, tantum egregio decus enitet ore.   150
postquam altos ventum in montis atque invia lustra,
ecce ferae saxi deiectae vertice caprae
decurrere iugis; alia de parte patentis
transmittunt cursu campos atque agmina cervi
pulverulenta fuga glomerant montisque relinquunt.   155
at puer Ascanius mediis in vallibus acri
gaudet equo iamque hos cursu, iam praeterit illos,
spumantemque dari pecora inter inertia votis
optat aprum, aut fulvum descendere monte leonem.

Interea magno misceri murmure caelum   160
incipit, insequitur commixta grandine nimbus,
et Tyrii comites passim et Troiana iuventus
Dardaniusque nepos Veneris diversa per agros
tecta metu petiere; ruunt de montibus amnes.
speluncam Dido dux et Troianus eandem   165
deveniunt.   prima et Tellus et pronuba Iuno
dant signum; fulsere ignes et conscius aether
conubiis summoque ulularunt vertice Nymphae.
ille dies primus leti primusque malorum
causa fuit; neque enim specie famave movetur   170
nec iam furtivum Dido meditatur amorem:
coniugium vocat, hoc praetexit nomine culpam.

4. Buch

deren übertrifft, gesellt sich dazu und vereint beide Gruppen. Wie Apollo, wenn er das winterliche Lycien und die Wasser des Xanthus verläßt, Delus, die Insel der Mutter, aufsucht, die Reigen wiederaufleben läßt und dabei dann Kreter zusammen mit Dryopern und die bemalten Agathyrsen um den Altar lärmen, [145] wie der Gott, wenn er von den Höhen des Cynthus schreitet, das fließende Haar mit einem Kranz aus zartem Laub ordnend zusammenhält und ein Goldband darumlegt, wenn die Waffen auf seinen Schultern klirren: Ebenso kraftvoll schritt Aeneas, solch heller Glanz strahlte auf seinem edlen Antlitz. [150] Als man ins hohe Gebirge und in unwegsame Wildnis gekommen, da springen, seht, wilde Ziegen, von einer Felsspitze gescheucht, die Höhen hinab; an anderer Stelle eilen Hirsche über offenes Feld, fliehend drängen sich die Scharen in staubiger Wolke zusammen und lassen die Berge hinter sich. [155] Doch der junge Ascanius freut sich mitten im Tal an seinem feurigen Roß, überholt im Galopp bald diese, bald jene und wünscht sehnlichst, daß sich ihm zwischen dem scheuen Wild ein schäumender Eber biete oder vom Berg herab ein gelber Löwe komme.

Inzwischen beginnt es am Himmel dumpf zu grollen; [160] es folgt ein mit Hagel vermischter Gewitterregen: Voll Furcht eilen allenthalben die tyrischen Gefährten und die junge Mannschaft der Troianer wie auch der dardanische Enkel der Venus, ein Schutzdach hier und da in der Gegend zu erreichen; von den Bergen stürzen Wildbäche. Dido und der Troerfürst gelangen in dieselbe Höhle: [165] Zuerst geben Tellus und die ehestiftende Iuno das Zeichen; Blitze zucken, der Aether flammt als Zeuge der Vermählung, vom höchsten Gipfel heulen die Nymphen. Jener Tag leitete Tod und Unheil ein; denn weder von Ansehen noch Ruf läßt Dido sich fortan bestimmen, [170] und nicht mehr denkt sie an heimliche Liebe: Sie spricht von Ehe, mit diesem Wort bemäntelt sie ihre Schuld.

Liber IV

Extemplo Libyae magnas it Fama per urbes,
Fama, malum qua non aliud velocius ullum:
mobilitate viget virisque adquirit eundo,   175
parva metu primo, mox sese attollit in auras
ingrediturque solo et caput inter nubila condit.
illam Terra parens ira inritata deorum
extremam, ut perhibent, Coeo Enceladoque sororem
progenuit pedibus celerem et pernicibus alis,   180
monstrum horrendum, ingens, cui quot sunt corpore
                                                    plumae,
tot vigiles oculi subter (mirabile dictu),
tot linguae, totidem ora sonant, tot subrigit auris.
nocte volat caeli medio terraeque per umbram
stridens, nec dulci declinat lumina somno;   185
luce sedet custos aut summi culmine tecti
turribus aut altis, et magnas territat urbes,
tam ficti pravique tenax quam nuntia veri.
haec tum multiplici populos sermone replebat
gaudens, et pariter facta atque infecta canebat: 190
venisse Aenean Troiano sanguine cretum,
cui se pulchra viro dignetur iungere Dido;
nunc hiemem inter se luxu, quam longa, fovere
regnorum immemores turpique cupidine captos.
haec passim dea foeda virum diffundit in ora.   195
protinus ad regem cursus detorquet Iarban
incenditque animum dictis atque aggerat iras.

Hic Hammone satus rapta Garamantide nympha
templa Iovi centum latis immania regnis,
centum aras posuit vigilemque sacraverat ignem,   200
excubias divum aeternas, pecudumque cruore
pingue solum et variis florentia limina sertis.

4. Buch

Sogleich eilt Fama durch Libyens große Städte, Fama, die
schneller ist als jedes andere Unheil: Beweglichkeit ist ihre
Stärke, und im Eilen gewinnt sie an Kraft; [175] aus Furcht
anfangs klein, erhebt sie sich bald in die Lüfte, sie geht auf
festem Boden einher und verbirgt ihr Haupt in den Wolken.
Diese hat Mutter Erde, angestachelt von ihrem Zorn gegen
die Götter, zuletzt, so erzählt man, dem Coeus und Encela-
dus als Schwester geboren, rasch zu Fuß und mit schnellen
Flügeln, [180] ein schreckliches Ungeheuer, riesig; so viele
Federn sie am Körper trägt, so viele wachsame Augen hat
sie darunter – es klingt wie ein Wunder –, so viele Zungen
auch und ebenso viele Münder sind zu hören, so viele Oh-
ren spitzt sie. Nachts fliegt sie schwirrend durch das Dunkel
zwischen Himmel und Erde und gönnt ihren Augen nicht
den erquickenden Schlaf; [185] am Tag sitzt sie als Wächterin
ganz oben auf dem First des Hauses oder auf hohen Tür-
men und versetzt die großen Städte in Schrecken, starr hält
sie fest an Erfundenem und Verkehrtem und ist zugleich
Botin der Wahrheit. Freudig erfüllte sie nun das Volk mit
vielfältiger Rede und verkündete gleichermaßen Geschehe-
nes und Ungeschehenes: [190] Aeneas, ein Sohn aus troiani-
schem Stamm, sei gekommen, und diesem Mann wolle sich
die schöne Dido verbinden. Nun verbrächten sie miteinan-
der den langen Winter üppig und in Freuden, dächten nicht
mehr ans Herrschen, seien in schändlicher Leidenschaft ge-
fangen. Damit füllt die abscheuliche Göttin überall die
Münder der Leute. [195] Sogleich auch lenkt sie ihren Lauf
hin zu König Iarbas, erhitzt sein Gemüt mit ihren Worten
und mehrt seinen Zorn.

Dieser, Sohn des Hammon und einer aus dem Land der
Garamanten entführten Nymphe, hatte in seinem weiten
Herrschaftsbereich dem Iuppiter hundert gewaltige Tempel,
hundert Altäre errichtet und ein immerbrennendes Feuer
geweiht, [200] als ewige Wache für die Götter; vom Blut der
Opfertiere triefte der Tempelboden, und die Schwellen
prangten im Schmuck vielfältiger Blumengebinde. Der also

Liber IV

isque amens animi et rumore accensus amaro
dicitur ante aras media inter numina divum
multa Iovem manibus supplex orasse supinis: 205
'Iuppiter omnipotens, cui nunc Maurusia pictis
gens epulata toris Lenaeum libat honorem,
aspicis haec? an te, genitor, cum fulmina torques
nequiquam horremus, caecique in nubibus ignes
terrificant animos et inania murmura miscent?   210
femina, quae nostris errans in finibus urbem
exiguam pretio posuit, cui litus arandum
cuique loci leges dedimus, conubia nostra
reppulit ac dominum Aenean in regna recepit.
et nunc ille Paris cum semiviro comitatu,   215
Maeonia mentum mitra crinemque madentem
subnexus, rapto potitur: nos munera templis
quippe tuis ferimus famamque fovemus inanem.'

   Talibus orantem dictis arasque tenentem
audiit Omnipotens, oculosque ad moenia torsit   220
regia et oblitos famae melioris amantis.
tum sic Mercurium adloquitur ac talia mandat:
'vade age, nate, voca Zephyros et labere pennis
Dardaniumque ducem, Tyria Karthagine qui nunc
exspectat fatisque datas non respicit urbes,   225
adloquere et celeris defer mea dicta per auras.
non illum nobis genetrix pulcherrima talem
promisit Graiumque ideo bis vindicat armis;
sed fore qui gravidam imperiis belloque frementem
Italiam regeret, genus alto a sanguine Teucri   230
proderet, ac totum sub leges mitteret orbem.
si nulla accendit tantarum gloria rerum
nec super ipse sua molitur laude laborem,

4. Buch

soll, aufgebracht und durch das kränkende Gerücht ganz
außer sich, vor den Altären mitten im Wirkungsfeld der
Götter mit erhobenen Händen Iuppiter flehentlich ange-
rufen haben: [205] »Allmächtiger Iuppiter, dem heutzutage
Mauretaniens Volk, wenn es auf bunten Polstern gespeist
hat, die Gabe des Bacchus spendet, nimmst du das wahr?
Oder fürchten wir uns umsonst, Vater, wenn du deine
Blitze schleuderst, schrecken nur ziellose Feuerstrahlen in
den Wolken die Menschen und erzeugen nichtssagendes
Grollen? [210] Die Frau, die, ohne Heimat, in unserem Ge-
biet gegen Geld eine unbedeutende Stadt baute, der ich
einen Küstenstreifen zum Pflügen gab und die Siedlungsbe-
dingungen vorschrieb, hat eine Ehe mit mir zurückgewiesen
und nun Aeneas als Herrn in ihre Herrschaft aufgenom-
men. Und nun bemächtigt sich dieser zweite Paris samt sei-
nem unmännlichen Gefolge, [215] das Kinn und das öltrie-
fende Haar in die mäonische Mitra gehüllt, seiner Beute:
Ich aber bringe Gaben zu deinen Tempeln und halte sinn-
entleerte Tradition lebendig.«

Ihn, der mit diesen Worten betete und dabei den Altar
berührte, hörte der Allmächtige, wandte seinen Blick zur
königlichen Stadt [220] und zu den Liebenden, die ihrem
besseren Ruf untreu geworden. Dann sprach er so zu Mer-
curius, erteilte ihm folgenden Auftrag: »Eile, mein Sohn,
rufe die Westwinde und gleite auf deinen Flügeln hinab,
wende dich an den Dardanerfürsten, der jetzt im tyrischen
Karthago verharrt, ohne sich noch um die ihm vom Fatum
bestimmten Städte zu kümmern, [225] und überbringe ihm
meine Worte durch die schnell dahintragenden Lüfte. Nicht
so hat seine schöne Mutter ihn uns verheißen, noch dafür
ihn zweimal vor den Waffen der Griechen bewahrt; sondern
er sollte das herrschaftsträchtige und waffentobende Italien
lenken, das Geschlecht vom edlen Blut des Teucer [230] wei-
terführen und den ganzen Erdkreis seinen Gesetzen unter-
werfen. Wenn nicht der Ruhm, den so gewaltige Aufgaben
verheißen, ihn anspornt und er die Mühsal nicht zur eige-

Zu 4,173–238

Zu 4,259–276

92   *Liber IV*

Ascanione pater Romanas invidet arces?
quid struit? aut qua spe inimica in gente moratur   235
nec prolem Ausoniam et Lavinia respicit arva?
naviget! haec summa est, hic nostri nuntius esto.'
  Dixerat. ille patris magni parere parabat
imperio; et primum pedibus talaria nectit
aurea, quae sublimem alis sive aequora supra   240
seu terram rapido pariter cum flamine portant.
tum virgam capit: hac animas ille evocat Orco
pallentis, alias sub Tartara tristia mittit,
dat somnos adimitque, et lumina morte resignat.
illa fretus agit ventos et turbida tranat   245
nubila. iamque volans apicem et latera ardua cernit
Atlantis duri caelum qui vertice fulcit,
Atlantis, cinctum adsidue cui nubibus atris
piniferum caput et vento pulsatur et imbri,
nix umeros infusa tegit, tum flumina mento   250
praecipitant senis, et glacie riget horrida barba.
hic primum paribus nitens Cyllenius alis
constitit; hinc toto praeceps se corpore ad undas
misit avi similis, quae circum litora, circum
piscosos scopulos humilis volat aequora iuxta.   255
haud aliter terras inter caelumque volabat
litus harenosum ad Libyae, ventosque secabat
materno veniens ab avo Cyllenia proles.
  Ut primum alatis tetigit magalia plantis,
Aenean fundantem arces ac tecta novantem   260
conspicit. atque illi stellatus iaspide fulva
ensis erat Tyrioque ardebat murice laena

4. Buch 93

nen Ehre auf sich nimmt, mißgönnt der Vater etwa dem As-
canius die römischen Burgen? Was hat er vor? Oder welche
Hoffnung bestimmt ihn, sich bei dem feindlichen Volk auf-
zuhalten [235] und sich um Ausoniens Nachwuchs und Lavi-
niums Fluren nicht zu kümmern? Abfahren soll er! Das ist
das Wichtigste, dies sei unsere Botschaft.«

So hatte er gesprochen. Mercurius schickte sich an, dem
Befehl des mächtigen Vaters zu folgen; zuerst schnallt er die
goldenen Flügelschuhe an seine Füße, die ihn hoch in der
Luft mit ihren Flügeln gleichermaßen über Meere [240] und
Erde tragen im reißenden Luftstrom. Dann ergreift er seinen
Stab: Mit ihm ruft er bleiche Seelen aus dem Orcus, schickt
andere in die düsteren Tiefen des Tartarus, mit ihm gibt und
nimmt er den Schlaf und öffnet die Augen aus der Nacht des
Todes. Dem Stab sich anvertrauend, lenkt er die Winde und
schwimmt durch die sturmbewegten [245] Wolken. Schon
erblickt er im Flug den Gipfel und die steilen Wände des
rauhen Atlas, der mit seiner Spitze den Himmel stützt, des
Atlas, dessen pinientragendes Haupt ständig in dunkle Wol-
ken gehüllt ist und von Wind und Regen gepeitscht wird;
ein Mantel von Schnee bedeckt seine Schultern, weiter un-
ten, [250] vom Kinn des Alten, stürzen Flüsse herab, und von
Eis starrt sein struppiger Bart. Hier machte der Cyllenier,
mit gleichmäßigem Flügelschlag herabschwebend, erstmals
halt; von hier aus stürzte er sich mit der vollen Kraft seines
Körpers kopfüber zu den Wogen hinab – einem Vogel
gleich, der an der Küste, um fischreiche Klippen in geringer
Höhe dahinfliegt, dicht über dem Wasser: [255] Ganz so flog
er zwischen Himmel und Erde zu Libyens sandigem Strand
und durchschnitt die Winde vom Vater der Mutter herkom-
mend, der Sohn vom Cyllenegebirge.

Gleich als er mit seinen Flügelschuhen zu den Nomaden-
hütten gelangte, erblickte er Aeneas bei der Anlage von
Bollwerken und dem Bau neuer Häuser: [260] Er trug ein
blitzendes Schwert mit gelblichem Jaspis besetzt, und über
seine Schulter hing ein Mantel, der in tyrischem Purpur

94   *Liber IV*

demissa ex umeris, dives quae munera Dido
fecerat, et tenui telas discreverat auro.
continuo invadit: 'tu nunc Karthaginis altae   265
fundamenta locas pulchramque uxorius urbem
exstruis? heu, regni rerumque oblite tuarum!
ipse deum tibi me claro demittit Olympo
regnator, caelum et terras qui numine torquet,
ipse haec ferre iubet celeris mandata per auras: 270
quid struis? aut qua spe Libycis teris otia terris?
si te nulla movet tantarum gloria rerum
[nec super ipse tua moliris laude laborem,]
Ascanium surgentem et spes heredis Iuli
respice, cui regnum Italiae Romanaque tellus   275
debetur.' tali Cyllenius ore locutus
mortalis visus medio sermone reliquit
et procul in tenuem ex oculis evanuit auram.
    At vero Aeneas aspectu obmutuit amens,
arrectaeque horrore comae et vox faucibus haesit.   280
ardet abire fuga dulcisque relinquere terras,
attonitus tanto monitu imperioque deorum.
heu quid agat? quo nunc reginam ambire furentem
audeat adfatu? quae prima exordia sumat?
atque animum nunc huc celerem nunc dividit illuc   285
in partisque rapit varias perque omnia versat.
haec alternanti potior sententia visa est:
Mnesthea Sergestumque vocat fortemque Serestum,
classem aptent taciti sociosque ad litora cogant,
arma parent et quae rebus sit causa novandis   290
dissimulent; sese interea, quando optima Dido

4. Buch

glänzte, ein Geschenk, das die reiche Dido gefertigt und dabei das Gewebe mit dünnen Goldfäden durchwirkt hatte. Unverzüglich stellt Mercurius ihn zur Rede: »Du legst nun die Fundamente des hohen Karthago [265] und baust, dem Weibe ergeben, eine prachtvolle Stadt! Du bist – welch ein Unglück – deiner eigenen Herrschaft und Sendung untreu geworden! Der Herrscher der Götter selbst sendet mich zu dir vom strahlenden Olymp, er, der Himmel und Erde durch sein Walten lenkt. Er selbst heißt mich diesen Befehl durch die schnellen Lüfte tragen: [270] Was hast du vor? Oder in welcher Hoffnung vergeudest du untätig Zeit im libyschen Land? Wenn dich der Ruhm, den so gewaltige Aufgaben verheißen, nicht rührt [und du die Mühsal nicht zur eigenen Ehre auf dich nimmst], so denke doch an den heranwachsenden Ascanius, die Hoffnung für deinen Erben Iulus, dem die Herrschaft über Italien und Roms Erde [275] bestimmt sind!« Nachdem Mercurius in solchem Ton gesprochen hatte, entzog er sich, ehe Aeneas antworten konnte, dem menschlichen Blick, und fern in dünne Luft entschwand er den Augen.

Doch Aeneas stand schweigend, von dem Anblick wie betäubt, sein Haar sträubte sich vor Entsetzen, und das Wort blieb ihm im Halse stecken. [280] Es drängt ihn, fluchtartig aufzubrechen und das verführerische Land zu verlassen, erschüttert von so eindringlichem Mahnen, ja Befehl der Götter. Ach, was soll er tun? Mit welchen Worten soll er jetzt wagen, sich der rasend verliebten Königin zu nahen, womit beginnen? Er läßt seine unsteten Gedanken bald hierhin, bald dorthin eilen, [285] wendet sie hastig nach verschiedenen Richtungen und lotet alle Möglichkeiten aus. Folgender Entschluß schien ihm dann in seinem Schwanken am besten: Mnestheus und Sergestus ruft er und den starken Serestus; sie sollen im stillen die Flotte klarmachen, die Gefährten am Ufer versammeln, Waffen beschaffen und den Grund für die neue Lage [290] geheimhalten; er selbst werde inzwischen, da ja die edle Dido von nichts wisse und nicht

Liber IV

nesciat et tantos rumpi non speret amores,
temptaturum aditus et quae mollissima fandi
tempora, quis rebus dexter modus. ocius omnes
imperio laeti parent et iussa facessunt.   295

At regina dolos (quis fallere possit amantem?)
praesensit, motusque excepit prima futuros
omnia tuta timens. eadem impia Fama furenti
detulit armari classem cursumque parari.
saevit inops animi totamque incensa per urbem   300
bacchatur, qualis commotis excita sacris
Thyias, ubi audito stimulant trieterica Baccho
orgia nocturnusque vocat clamore Cithaeron.
tandem his Aenean compellat vocibus ultro:
'dissimulare etiam sperasti, perfide, tantum   305
posse nefas tacitusque mea decedere terra?
nec te noster amor nec te data dextera quondam
nec moritura tenet crudeli funere Dido?
quin etiam hiberno moliri sidere classem
et mediis properas Aquilonibus ire per altum,   310
crudelis? quid, si non arva aliena domosque
ignotas peteres, et Troia antiqua maneret,
Troia per undosum peteretur classibus aequor?
mene fugis? per ego has lacrimas dextramque tuam te
(quando aliud mihi iam miserae nihil ipsa reliqui),   315
per conubia nostra, per inceptos hymenaeos,
si bene quid de te merui, fuit aut tibi quicquam
dulce meum, miserere domus labentis et istam,
oro, si quis adhuc precibus locus, exue mentem.
te propter Libycae gentes Nomadumque tyranni   320

4. Buch

erwarte, daß so starke Liebe zerbreche, nach Mitteln und
Wegen suchen, wann mit Dido am schonendsten zu reden
sei und wie das mit Anstand geschehen könne. Auf der
Stelle gehorchen sie alle freudig dem Befehl und führen den
Auftrag aus. [295]

Doch die Königin (wer könnte eine Liebende täuschen)
ahnte die List und bemerkte als erste die bevorstehende
Wendung der Dinge, in Furcht, obwohl doch alles sicher
schien. Die gewissenlose Fama wieder hinterbrachte der
rasend Verliebten, die Flotte werde zugerüstet, die Ausfahrt
vorbereitet. Ihrer Sinne nicht mächtig, tobt sie und rast in
orgiastischem Taumel durch die ganze Stadt [300] wie eine
Mänade, erregt vom Anblick der vorbeiziehenden Kultge-
räte, wenn alle drei Jahre wieder beim Ruf des Bacchus die
Orgien sie anstacheln und wenn zur Nacht mit seinem Lär-
men der Cithaeron ruft. Schließlich kommt sie Aeneas zu-
vor und herrscht ihn mit folgenden Worten an: »Hast du
gar gehofft, Treuloser, ein so großes Unrecht verbergen zu
können [305] und ohne ein Wort mein Land zu verlassen?
Hält dich nicht unsere Liebe, nicht die Hand, die du einmal
mir gabst, nicht der grausame Tod, den Dido nunmehr ster-
ben wird? Du gehst sogar so weit, unter winterlichen Ster-
nen die Flotte ablegen zu lassen, fährst eilends mitten in
den kalten Nordstürmen aufs Meer hinaus, [310] Grau-
samer? Sag, würdest du nicht zu fremden Gefilden und un-
bekannten Wohnsitzen streben, sondern stünde das alte
Troia noch, würdest du dann über das aufgewühlte Meer
mit einer Flotte nach Troia fahren? Fliehst du vor mir? Bei
meinen Tränen und deiner Rechten – nichts anderes habe
ich ja, ich Arme, mir selbst gelassen –, [315] bei unserer Ehe,
der kaum erst vollzogenen Hochzeit: Wenn ich irgendein
Verdienst um dich vorweisen kann oder dir irgend etwas an
mir liebenswert war, erbarme dich, bitte, meines vom Fall
bedrohten Hauses und, wenn du noch für eine Bitte zu-
gänglich bist, laß ab von deinem argen Vorhaben. Dei-
netwegen hassen mich die Libyerstämme und die Numi-

odere, infensi Tyrii; te propter eundem
exstinctus pudor et, qua sola sidera adibam,
fama prior. cui me moribundam deseris hospes
(hoc solum nomen quoniam de coniuge restat)?
quid moror? an mea Pygmalion dum moenia frater   325
destruat aut captam ducat Gaetulus Iarbas?
saltem si qua mihi de te suscepta fuisset
ante fugam suboles, si quis mihi parvulus aula
luderet Aeneas, qui te tamen ore referret,
non equidem omnino capta ac deserta viderer.'   330
    Dixerat. ille Iovis monitis immota tenebat
lumina et obnixus curam sub corde premebat.
tandem pauca refert: 'ego te, quae plurima fando
enumerare vales, numquam, regina, negabo
promeritam, nec me meminisse pigebit Elissae   335
dum memor ipse mei, dum spiritus hos regit artus.
pro re pauca loquar. neque ego hanc abscondere furto
speravi (ne finge) fugam, nec coniugis umquam
praetendi taedas aut haec in foedera veni.
me si fata meis paterentur ducere vitam   340
auspiciis et sponte mea componere curas,
urbem Troianam primum dulcisque meorum
reliquias colerem, Priami tecta alta manerent,
et recidiva manu posuissem Pergama victis.
sed nunc Italiam magnam Gryneus Apollo,   345
Italiam Lyciae iussere capessere sortes;
hic amor, haec patria est. si te Karthaginis arces
Phoenissam Libycaeque aspectus detinet urbis,
quae tandem Ausonia Teucros considere terra

4. Buch 99

derfürsten, [320] sind die Tyrier gegen mich aufgebracht;
deinetwegen auch ist mein Schamgefühl erloschen und mein
früherer Ruf, der allein mich zu den Sternen erhob. Wofür
läßt du mich dem Tod geweiht zurück, mein Gastfreund
(nur dieser Name bleibt ja noch vom Gatten)? Was zögere
ich zu sterben? Etwa bis mein Bruder Pygmalion meine
Stadt [325] zerstört oder der Gaetuler Iarbas mich als Gefan-
gene wegführt? Wenn ich wenigstens ein Kind von dir emp-
fangen hätte vor deiner Flucht, wenn ein kleiner Aeneas bei
mir im Palast spielte, der immerhin dein Ebenbild wäre,
dann käme ich mir jedenfalls nicht völlig betrogen und ver-
lassen vor.« [330]

Das waren ihre Worte. Aeneas aber blieb nach Iuppiters
Mahnung starren Blicks, und mit aller Macht verbarg er sei-
nen Kummer tief im Herzen. Wenig nur entgegnet er end-
lich: »Ich werde bei allem, was du im einzelnen vorzubrin-
gen vermagst, niemals, Königin, leugnen, daß ich dir viel zu
verdanken habe, und ich werde nicht ohne Bedauern an
Elissa zurückdenken, [335] solange ich meiner Sinne mächtig
bin, solange mein Körper beseelt ist. Zur Rechtfertigung
meines Handelns nur wenige Worte: Weder stellte ich mir
vor – laß diesen Gedanken beiseite –, die Flucht hinterlistig
zu verbergen, noch habe ich je den Anspruch erhoben, dein
Gatte zu sein, habe auch diese Verbindung nicht gesucht.
Wenn das Fatum mir gestattete, mein Leben nach eigenem
Recht zu führen [340] und meine Ziele nach eigenem Wunsch
zu setzen, würde ich mich vor allem um die Stadt Troia
kümmern und um die kostbaren Überreste dessen, was die
Meinen besaßen: Die hohen Paläste des Priamus bestünden
fort, und mit eigener Hand hätte ich den Bau von Perga-
mum wiedererstehen lassen für die Besiegten. Aber nun ist
es das große Italien, das der Apollo von Grynium, [345] Ita-
lien, das die lycischen Orakel eilends aufzusuchen befahlen:
Dort ist meine Liebe, dort meine Heimat. Wenn dich, Phoe-
nicerin, Karthagos Burg, der Anblick der libyschen Stadt
festhält, warum mißgönnst du den Teucrern, sich endlich

Liber IV

invidia est? et nos fas extera quaerere regna.   350
me patris Anchisae, quotiens umentibus umbris
nox operit terras, quotiens astra ignea surgunt,
admonet in somnis et turbida terret imago;
me puer Ascanius capitisque iniuria cari,
quem regno Hesperiae fraudo et fatalibus arvis.   355
nunc etiam interpres divum Iove missus ab ipso
(testor utrumque caput) celeris mandata per auras
detulit: ipse deum manifesto in lumine vidi
intrantem muros vocemque his auribus hausi.
desine meque tuis incendere teque querelis;   360
Italiam non sponte sequor.'
   Talia dicentem iamdudum aversa tuetur
huc illuc volvens oculos totumque pererrat
luminibus tacitis et sic accensa profatur:
'nec tibi diva parens generis nec Dardanus auctor,   365
perfide, sed duris genuit te cautibus horrens
Caucasus Hyrcanaeque admorunt ubera tigres.
nam quid dissimulo aut quae me ad maiora reservo?
num fletu ingemuit nostro? num lumina flexit?
num lacrimas victus dedit aut miseratus amantem est?   370
quae quibus anteferam? iam iam nec maxima Iuno
nec Saturnius haec oculis pater aspicit aequis.
nusquam tuta fides. eiectum litore, egentem
excepi et regni demens in parte locavi.
amissam classem, socios a morte reduxi   375
(heu furiis incensa feror!): nunc augur Apollo,
nunc Lyciae sortes, nunc et Iove missus ab ipso

4. Buch

in ausonischem Land niederzulassen? Auch wir haben ein Recht, ein Reich in der Fremde zu suchen. [350] Sooft die Nacht mit feuchten Schatten den Erdkreis bedeckt, sooft die feurigen Sterne aufgehen, ermahnt und schreckt mich im Traum das Bild meines bestürzten Vaters Anchises; mich mahnt der Knabe Ascanius, das Unrecht, das den teuren Sohn trifft, wenn ich ihm die Herrschaft in Hesperien vorenthalte und die vom Fatum bestimmten Fluren. [355] Nun aber hat auch der Bote der Götter, von Iuppiter selbst gesandt, ich schwör's bei deinem und meinem Haupt, Weisung durch die schnell dahintragenden Lüfte gebracht: Selbst habe ich den Gott im Lichtschein gesehen, mit Händen zu greifen, wie er die Mauern betrat, und seine Worte mit diesen meinen Ohren vernommen. Hör auf, mich und dich mit deinen Klagen zu erbittern [360]; nicht aus freien Stücken führt mich mein Weg nach Italien.«

Noch während er so spricht, schaut sie ihn eine ganze Weile von der Seite an, wendet hierhin und dorthin die Augen, mustert ihn stumm von oben bis unten; dann bricht es aufgebracht aus ihr heraus: »Weder hast du eine Göttin zur Mutter, noch ist Dardanus der Begründer deines Geschlechtes, [365] Treuloser, sondern der von harten Felsen starrende Caucasus hat dich hervorgebracht, und hyrcanische Tigerinnen haben dich gesäugt. Denn warum soll ich mich verstellen oder auf welch schlimmere Kränkung noch warten? Hat er geseufzt, als ich weinte? Hat er den Blick zu mir gewandt? Hat er, überwältigt, Tränen vergossen oder Mitgefühl mit der Liebenden gezeigt? [370] Was könnte in meinen Augen dies überbieten? Nein, nicht länger sieht die große Iuno, nicht der Vater der Götter, Sohn des Saturn, alledem gelassen zu; auf nichts kann Vertrauen sich noch gründen. Er war gestrandet und elend, ich nahm ihn auf und gab ihm, verblendet, Anteil an meiner Herrschaft. Die aufgegebene Flotte, die Gefährten rettete ich vor dem Untergang. [375] Wehe, Wut lodert in mir und treibt mich um! Erst ist's der Seher Apollo, dann sein lycisches Orakel, jetzt bringt sogar

102   *Liber IV*

interpres divum fert horrida iussa per auras.
scilicet is superis labor est, ea cura quietos
sollicitat. neque te teneo neque dicta refello: 380
i, sequere Italiam ventis, pete regna per undas.
spero equidem mediis, si quid pia numina possunt,
supplicia hausurum scopulis et nomine Dido
saepe vocaturum. sequar atris ignibus absens
et, cum frigida mors anima seduxerit artus,   385
omnibus umbra locis adero. dabis, improbe, poenas.
audiam et haec Manis veniet mihi fama sub imos.'
his medium dictis sermonem abrumpit et auras
aegra fugit seque ex oculis avertit et aufert,
linquens multa metu cunctantem et multa parantem   390
dicere. suscipiunt famulae conlapsaque membra
marmoreo referunt thalamo stratisque reponunt.

   At pius Aeneas, quamquam lenire dolentem
solando cupit et dictis avertere curas,
multa gemens magnoque animum labefactus amore   395
iussa tamen divum exsequitur classemque revisit.
tum vero Teucri incumbunt et litore celsas
deducunt toto navis. natat uncta carina,
frondentisque ferunt remos et robora silvis
infabricata fugae studio.   400
migrantis cernas totaque ex urbe ruentis:
ac velut ingentem formicae farris acervum
cum populant hiemis memores tectoque reponunt,
it nigrum campis agmen praedamque per herbas
convectant calle angusto; pars grandia trudunt   405

4. Buch

der Götterbote, von Iuppiter selbst gesandt, schreckliche Befehle durch die Lüfte. Natürlich, das bedeutet Mühe für die Himmlischen, solche Sorge stört sie in ihrer Ruhe. Nein, ich halte dich nicht, widerlege nicht deine Worte: [380] Geh, fahr mit den Winden nach Italien, such dir ein Reich auf dem Weg durch die Wogen. Ich freilich hoffe, daß dich – wenn denn die Gerechtigkeit der Götter etwas vermag – inmitten der Klippen deine Strafe ereilt und du oft noch Dido mit Namen rufst. Ich werde dich, wenn auch fern, mit unheilvollen Bränden verfolgen, und wenn der kalte Tod von der Seele die Glieder geschieden hat, [385] werde ich als Schatten allenthalben dasein. Du wirst büßen, Unverschämter: Ich werde es erfahren, die Kunde davon wird mich erreichen tief unten bei den Manen.« Bei diesen Worten bricht sie mitten im Reden ab; in ihrem Leid flieht sie das Licht des Tages, entzieht sich den Blicken und geht; sie läßt Aeneas stehen, der noch vieles sagen möchte, doch angstvoll zögert. [390] Dienerinnen fangen sie auf, bringen sie ohnmächtig in ihr marmorgetäfeltes Gemach und betten sie auf ihr Lager.

Aeneas aber, pflichtbewußt, obwohl er eigentlich Didos Schmerz durch Trost lindern und durch sein Wort ihr Leid abwenden will, führt unter tiefem Seufzen und von der Größe der Liebe erschüttert [395] doch den Befehl der Götter aus und sieht nach der Flotte. Da strengen die Teucrer sich mächtig an und lassen die hohen Schiffe auf der ganzen Breite des Strandes zu Wasser. Es schwimmt der geteerte Rumpf, und sie schleppen Ruderstangen, noch belaubt, und unbehauene Stämme aus dem Wald, eifrig bemüht, schnell fortzukommen. [400] Man kann sie beim Auszug überall aus der Stadt eilen sehen, ein Bild, wie wenn Ameisen, an den Winter denkend, einen gewaltigen Haufen Dinkel plündern und in ihrem Bau verwahren: Da bewegt sich der schwärzlich glänzende Zug übers Feld, und sie schleppen ihre Beute auf engem Weg durchs Gras fort; ein Teil stemmt sich [405] mit der Schulter gegen die riesigen Körner und schiebt sie

Zu 4,288–387

Zu 4,416–449

Liber IV

obnixae frumenta umeris, pars agmina cogunt
castigantque moras, opere omnis semita fervet.
    Quis tibi tum, Dido, cernenti talia sensus,
quosve dabas gemitus, cum litora fervere late
prospiceres arce ex summa, totumque videres   410
misceri ante oculos tantis clamoribus aequor!
improbe Amor, quid non mortalia pectora cogis!
ire iterum in lacrimas, iterum temptare precando
cogitur et supplex animos summittere amori,
ne quid inexpertum frustra moritura relinquat.   415
    'Anna, vides toto properari litore circum:
undique convenere; vocat iam carbasus auras,
puppibus et laeti nautae imposuere coronas.
hunc ego si potui tantum sperare dolorem,
et perferre, soror, potero.   miserae hoc tamen unum   420
exsequere, Anna, mihi; solam nam perfidus ille
te colere, arcanos etiam tibi credere sensus;
sola viri mollis aditus et tempora noras.
i, soror, atque hostem supplex adfare superbum:
non ego cum Danais Troianam exscindere gentem   425
Aulide iuravi classemve ad Pergama misi,
nec patris Anchisae cinerem manisve revelli:
cur mea dicta negat duras demittere in auris?
quo ruit?   extremum hoc miserae det munus amanti:
exspectet facilemque fugam ventosque ferentis.   430
non iam coniugium antiquum, quod prodidit, oro,
nec pulchro ut Latio careat regnumque relinquat:
tempus inane peto, requiem spatiumque furori,
dum mea me victam doceat fortuna dolere.

4. Buch 107

voran, ein anderer bildet die Nachhut und weist Säumige
zurecht, der ganze Pfad brodelt von Geschäftigkeit.

Was hast du da empfunden, Dido, als du dies bemerk-
test, wie hast du gestöhnt, als du von der Höhe der Burg
aus den Strand weithin brodeln sahst und wahrnehmen
mußtest, [410] daß das ganze Meer vor deinen Augen mit
lauten Rufen erfüllt war! Unverschämter Amor, wozu
zwingst du nicht das menschliche Herz! Wieder in Tränen
auszubrechen, wieder mit Bitten es zu versuchen, drängt
es sie, und flehend ihren Stolz der Liebe zu unterwerfen,
um nichts unversucht zu lassen angesichts eines sinnlosen
Todes. [415]

»Anna, du siehst, daß man auf dem ganzen Strand
ringsum in Eile ist; von überall sind sie zusammengeströmt;
schon ruft das Segel nach dem Wind, und fröhlich haben die
Seeleute Kränze am Heck befestigt. Wenn ich solch großen
Schmerz erahnen konnte, werde ich ihn, Schwester, auch
ertragen können. Dies eine jedoch, [420] Anna, tu für mich
Leidgeprüfte; denn dir allein ist der Treulose mit Ehrerbie-
tung begegnet, dir hat er sogar seine geheimsten Gedanken
anvertraut; du allein kanntest die rechte Zeit und Gelegen-
heit, wo dieser Mann zugänglich war. Geh, Schwester, und
sprich demütig zu dem hochmütigen Feind: Nicht ich habe
in Aulis mit den Danaern geschworen, das Troianervolk
auszurotten, [425] nicht nach Pergamum eine Flotte ge-
schickt, habe auch nicht die Asche des Vaters Anchises wie-
der aufgewühlt und seine Manen gestört: Warum stellt er
sich meinen Worten gegenüber taub? Wohin eilt er? Dies
möge er als letztes Geschenk der armen Liebenden gewäh-
ren: Er warte auf eine Flucht ohne Mühe, auf günstigen
Wind. [430] Ich bitte nicht mehr um die Erneuerung der frü-
heren Verbindung, die er preisgegeben, auch darum nicht,
daß er auf das schöne Latium verzichtet und die Königs-
herrschaft aufgibt: Ich wünsche mir nur eine unbedeutende
Spanne Zeit, Ruhe und Raum für meinen Wahn, bis mein
Schicksal mich lehrt, ergeben zu leiden. Um diesen letzten

Liber IV

extremam hanc oro veniam (miserere sororis),   435
quam mihi cum dederit cumulatam morte remittam.'

   Talibus orabat, talisque miserrima fletus
fertque refertque soror.   sed nullis ille movetur
fletibus aut voces ullas tractabilis audit;
fata obstant placidasque viri deus obstruit auris.   440
ac velut annoso validam cum robore quercum
Alpini Boreae nunc hinc nunc flatibus illinc
eruere inter se certant; it stridor, et altae
consternunt terram concusso stipite frondes;
ipsa haeret scopulis et quantum vertice ad auras   445
aetherias, tantum radice in Tartara tendit:
haud secus adsiduis hinc atque hinc vocibus heros
tunditur, et magno persentit pectore curas;
mens immota manet, lacrimae volvuntur inanes.

   Tum vero infelix fatis exterrita Dido   450
mortem orat; taedet caeli convexa tueri.
quo magis inceptum peragat lucemque relinquat,
vidit, turicremis cum dona imponeret aris,
(horrendum dictu) latices nigrescere sacros
fusaque in obscenum se vertere vina cruorem;   455
hoc visum nulli, non ipsi effata sorori.
praeterea fuit in tectis de marmore templum
coniugis antiqui, miro quod honore colebat,
velleribus niveis et festa fronde revinctum:
hinc exaudiri voces et verba vocantis   460
visa viri, nox cum terras obscura teneret,
solaque culminibus ferali carmine bubo
saepe queri et longas in fletum ducere voces;

4. Buch 109

Gefallen – erbarm dich der Schwester – bitte ich; [435] wenn
er mir den erweist, werde ich ihn reich in meinem Tod ver-
gelten.«

So war ihre Bitte, und solches Wehklagen bringt die
Schwester, die ärmste, mehrmals vor Aeneas. Doch der läßt
sich von keinem Wehklagen rühren, bleibt unzugänglich für
jegliches Wort; das Fatum steht im Weg, und ein Gott ver-
schließt dem Mann das geneigte Ohr. [440] Wie die Nord-
stürme der Alpen wetteifern, die kräftige Eiche mit ihrem
uralten Kernholz durch Böen aus wechselnder Richtung zu
entwurzeln – da geht ein Knarren durch sie hindurch, und
aus der Krone das Laub bedeckt die Erde, wenn der Stamm
heftig geschüttelt; sie aber haftet fest auf dem Felsen, und so
hoch sie mit dem Wipfel zu den Lüften [445] des Aether sich
reckt, so tief reicht sie mit den Wurzeln in den Tartarus –:
Ebenso wird der Held von hier und von da unablässig mit
Worten bestürmt, und in der Größe seines Herzens empfin-
det er tief den Kummer. Sein Entschluß bleibt unverändert,
die Tränen fließen vergeblich.

Jetzt aber verlangt die unglückliche Dido, [450] in Schrek-
ken versetzt durch die Weisungen des Fatums, nach dem
Tod; es widert sie an, das Himmelsgewölbe zu schauen.
Noch bereitwilliger sollte sie ihr Vorhaben in die Tat umset-
zen und aus dem Leben scheiden: Als sie nämlich auf den
Altar mit brennendem Weihrauch Opfergaben legte, sah sie
– es klingt entsetzlich! –, wie die heilige Flüssigkeit schwarz
wurde, wie der vergossene Wein sich in ekliges Blut ver-
wandelte; [455] von dem, was sie gesehen, sprach sie zu kei-
nem, nicht einmal zu ihrer Schwester. Außerdem gab es im
Palast einen marmornen Schrein, ihrem einstigen Gatten ge-
weiht; diesen – mit schneeweißen Wollbändern und fest-
lichem Laub umwunden – hielt sie auffallend in Ehren: Von
dort meinte sie, wenn dunkle Nacht die Erde umfing, Stim-
men zu hören und Worte [460] des Gatten, der sie rief, von
dort auch, wie einsam auf dem First der Uhu oftmals sein
Totenlied klagend erhob und seine langgezogenen Rufe in

110   *Liber IV*

multaque praeterea vatum praedicta priorum
terribili monitu horrificant.   agit ipse furentem   465
in somnis ferus Aeneas, semperque relinqui
sola sibi, semper longam incomitata videtur
ire viam et Tyrios deserta quaerere terra,
Eumenidum veluti demens videt agmina Pentheus
et solem geminum et duplices ut ostendere Thebas,   470
aut Agamemnonius scaenis agitatus Orestes,
armatam facibus matrem et serpentibus atris
cum fugit ultricesque sedent in limine Dirae.
   Ergo ubi concepit furias evicta dolore
decrevitque mori, tempus secum ipsa modumque   475
exigit, et maestam dictis adgressa sororem
consilium vultu tegit ac spem fronte serenat:
'inveni, germana, viam (gratare sorori)
quae mihi reddat eum vel eo me solvat amantem.
Oceani finem iuxta solemque cadentem   480
ultimus Aethiopum locus est, ubi maximus Atlas
axem umero torquet stellis ardentibus aptum:
hinc mihi Massylae gentis monstrata sacerdos,
Hesperidum templi custos, epulasque draconi
quae dabat et sacros servabat in arbore ramos,   485
spargens umida mella soporiferumque papaver.
haec se carminibus promittit solvere mentes
quas velit, ast aliis duras immittere curas,
sistere aquam fluviis et vertere sidera retro,
nocturnosque movet Manis: mugire videbis   490
sub pedibus terram et descendere montibus ornos.
testor, cara, deos et te, germana, tuumque

4. Buch 111

Weinen verklingen ließ. Zudem schrecken sie vielerlei
Weissagungen früherer Seher mit furchtbarer Mahnung. Es
treibt in ihren Träumen die Rasende [465] der unbändige
Aeneas selbst um, und immer hat sie den Eindruck, nur sich
selbst überlassen zu werden, immer ohne Gefolge einen
langen Weg zu gehen und ihre Tyrier in wüstem Land zu
suchen: So sieht Pentheus im Wahn die Scharen der Eume-
niden, sieht doppelt die Sonne und zweifach Theben sich
zeigen; [470] so wird Orestes, Agamemnons Sohn, über die
Bühne getrieben, wenn er vor der mit Fackeln und gräßli-
chen Schlangen bewaffneten Mutter flieht, und die rächen-
den Furien sitzen dabei auf der Schwelle.

Sobald sie nun, vom Schmerz überwältigt, den Wahn in-
nerlich angenommen und zu sterben beschlossen hat, macht
sie Zeit und Art des Todes mit sich selbst aus [475] und wen-
det sich dann mit folgenden Worten an die traurige Schwe-
ster, verdeckt dabei den Plan durch ihre Miene und täuscht
Hoffnung vor durch gespielte Heiterkeit: »Schwester, ich
habe einen Weg gefunden – du darfst mich beglückwün-
schen –, der mir ihn wiedergibt oder mich doch von meiner
Liebe zu ihm befreit. Nah am Rand des Ozeans und bei der
untergehenden Sonne [480] liegt die entlegenste Gegend
Äthiopiens, wo der gewaltige Atlas auf seine Schulter das
Himmelsgewölbe dreht, das mit funkelnden Sternen be-
setzt ist: Von dort wurde ich auf eine Priesterin aus dem
Volk der Massyler aufmerksam, Wächterin des Tempels der
Hesperiden, die dem Drachen Nahrung gab und dabei die
heiligen Zweige im Baum bewachte, [485] flüssigen Honig
verteilend und schlafbringenden Mohn. Sie verspricht, sie
könne durch Zaubersprüche nach Belieben Herzen be-
freien, anderen aber drückenden Kummer einflößen, das
Wasser in Flüssen zum Stehen bringen und den Lauf der
Sterne umkehren; auch beschwört sie bei Nacht die Manen:
Du wirst erleben, [490] daß unter ihren Füßen die Erde
dröhnt und die Eschen von den Bergen steigen. Ich rufe,
Teure, die Götter und dich, Schwester, und dein geliebtes

112   *Liber IV*

dulce caput, magicas invitam accingier artis.
tu secreta pyram tecto interiore sub auras
erige, et arma viri thalamo quae fixa reliquit   495
impius exuviasque omnis lectumque iugalem,
quo perii, super imponas: abolere nefandi
cuncta viri monimenta iuvat monstratque sacerdos.'
haec effata silet, pallor simul occupat ora.
non tamen Anna novis praetexere funera sacris   500
germanam credit, nec tantos mente furores
concipit aut graviora timet quam morte Sychaei.
ergo iussa parat.
    At regina, pyra penetrali in sede sub auras
erecta ingenti taedis atque ilice secta,   505
intenditque locum sertis et fronde coronat
funerea; super exuvias ensemque relictum
effigiemque toro locat haud ignara futuri.
stant arae circum et crinis effusa sacerdos
ter centum tonat ore deos, Erebumque Chaosque   510
tergeminamque Hecaten, tria virginis ora Dianae.
sparserat et latices simulatos fontis Averni,
falcibus et messae ad lunam quaeruntur aënis
pubentes herbae nigri cum lacte veneni;
quaeritur et nascentis equi de fronte revulsus   515
et matri praereptus amor.
ipsa mola manibusque piis altaria iuxta
unum exuta pedem vinclis, in veste recincta,
testatur moritura deos et conscia fati

4. Buch 113

Haupt als Zeugen an, daß ich mich nur widerwillig auf
Zauberkünste einlasse. Errichte du im Innern des Palastes
heimlich unter freiem Himmel einen Scheiterhaufen und
lege oben darauf die Waffen des Mannes, die der Pflichtver-
gessene in meinem Gemach hängen ließ, [495] alle Kleidung,
dazu noch das eheliche Bett, an dem ich zugrunde ging: Mit
Freuden vernichte ich alles, was an den verruchten Mann
erinnert, und die Priesterin gebietet's.« Nach diesen Worten
schweigt sie, und im selben Augenblick überzieht Blässe ihr
Gesicht. Anna ahnt jedoch nicht, daß die Schwester mit den
ungewohnten Riten den Tod verschleiert, [500] auch begreift
sie nicht so großen Wahn, noch fürchtet sie Schlimmeres
als beim Tod des Sychaeus. Also bereitet sie vor, was ihr be-
fohlen.

Doch die Königin, als auf einem Innenplatz unter freiem
Himmel ein gewaltiger Scheiterhaufen aufgerichtet ist, aus
Kienholz und Eichenscheiten, [505] umwindet die Stätte mit
Girlanden und bekränzt sie mit Zweigen vom Totenbaum;
oben auf das Lager legt sie die Kleider, das von Aeneas zu-
rückgelassene Schwert, dazu sein Bild, wohl wissend, was
kommen wird. Es stehen Altäre ringsum, und die Priesterin
mit gelöstem Haar ruft laut dreimal hundert Götter an, den
Erebus etwa und das Chaos, [510] die dreigestaltige Hecate,
die drei Gesichter der Jungfrau Diana. Sie hat auch Wasser
versprengt, das angeblich aus der Quelle des Avernus
stammt; kräftige Kräuter, bei Vollmond mit ehernen Sicheln
geschnitten, werden verlangt, gefüllt mit dem Saft eines
tückischen Giftes; verlangt wird auch ein Liebeszauber, ein
Gewächs, von der Stirn des gerade geborenen Fohlens ge-
rissen [515] und so der Mutter weggenommen. Dido steht,
mit Opferschrot in den zur heiligen Handlung gereinigten
Händen, neben dem Altar – einen Fuß hat sie aus den
Riemen gelöst, ihr Gewand fällt lose herab – und ruft,
zum Sterben entschlossen, die Götter zu Zeugen und die
Gestirne, die das Fatum kennen; dann betet sie zu einer
Gottheit, wenn es denn eine gibt, die sich Liebender an-

Liber IV

sidera; tum, si quod non aequo foedere amantis   520
curae numen habet iustumque memorque, precatur.
    Nox erat et placidum carpebant fessa soporem
corpora per terras, silvaeque et saeva quierant
aequora, cum medio volvuntur sidera lapsu,
cum tacet omnis ager, pecudes pictaeque volucres,   525
quaeque lacus late liquidos quaeque aspera dumis
rura tenent, somno positae sub nocte silenti.   527
at non infelix animi Phoenissa, neque umquam   529
solvitur in somnos oculisve aut pectore noctem   530
accipit: ingeminant curae rursusque resurgens
saevit amor magnoque irarum fluctuat aestu.
sic adeo insistit secumque ita corde volutat:
'en, quid ago?   rursusne procos inrisa priores
experiar, Nomadumque petam conubia supplex,   535
quos ego sim totiens iam dedignata maritos?
Iliacas igitur classis atque ultima Teucrum
iussa sequar? quiane auxilio iuvat ante levatos
et bene apud memores veteris stat gratia facti?
quis me autem, fac velle, sinet ratibusve superbis   540
invisam accipiet? nescis heu, perdita, necdum
Laomedonteae sentis periuria gentis?
quid tum? sola fuga nautas comitabor ovantis?
an Tyriis omnique manu stipata meorum
inferar et, quos Sidonia vix urbe revelli,   545
rursus agam pelago et ventis dare vela iubebo?
quin morere ut merita es, ferroque averte dolorem.
tu lacrimis evicta meis, tu prima furentem
his, germana, malis oneras atque obicis hosti.

4. Buch 115

nimmt, [520] die keine Gegenliebe finden, die gerecht ist und nicht vergessend.

Es war Nacht, und die müden Wesen auf Erden fanden Erholung in friedlichem Schlaf, der Wald und die wilden Wogen waren zur Ruhe gekommen, während die Sterne in der Mitte ihrer Bahn kreisen: Jetzt schweigt jegliches Feld, das Vieh und die bunten Vögel, [525] welche weithin klare Seen und das von Gestrüpp unwegsame Land bevölkern, ruhen schlafend im Schutz der schweigenden Nacht. Nicht aber die unglückselige Phönicerin, nimmer findet sie Befreiung im Schlaf, noch nimmt sie die Nacht mit Augen oder Herz [530] in sich auf. Der Kummer wächst, und wieder erwacht die rasende Liebe, braust hoch auf in Wogen des Zorns. Bei diesen Empfindungen hält sie inne und bewegt sie so in ihrem Herzen: »Was geht eigentlich in mir vor? Soll ich, die Genarrte, es wieder mit den früheren Freiern versuchen und um die Ehe mit einem der Nomaden betteln, [535] die mir so oft schon als Gatten nicht gut genug waren? Soll ich denn der ilischen Flotte und den letzten Befehlen der Teucrer hinterherlaufen? Weil es denen gefällt, die vorher durch meine Hilfe gestärkt wurden, und weil dankbar sind, die sich an frühere Wohltat erinnern? Wer aber wird es mir – gesetzt, ich will – erlauben und auf dem stolzen Schiff mich, [540] die man haßt, empfangen? Ach, kennst du denn nicht, verlorenes Wesen, spürst du immer noch nicht die Wortbrüchigkeit des Laomedonvolkes? Was aber dann? Soll ich etwa allein die jubelnden Seeleute auf der Flucht begleiten? Oder soll ich mich ihnen, umringt von den Tyriern und der ganzen Schar meiner Leute, anschließen, soll ich also die, die ich kaum aus der Stadt Sidon gerissen habe, [545] wieder aufs Meer treiben und den Befehl geben, die Segel in den Wind zu setzen? Nein, also stirb, wie du es verdient hast, und mach dem Schmerz mit dem Schwert ein Ende. Du, Schwester, von meinen Tränen gerührt, du hast als erste mir Besessenen dieses Leid aufgeladen und mich dem Feind in die Hände gegeben. Es war mir verwehrt, unverheiratet

116   *Liber IV*

non licuit thalami expertem sine crimine vitam   550
degere more ferae, talis nec tangere curas;
non servata fides cineri promissa Sychaeo.'
    Tantos illa suo rumpebat pectore questus:
Aeneas celsa in puppi iam certus eundi
carpebat somnos rebus iam rite paratis.   555
huic se forma dei vultu redeuntis eodem
obtulit in somnis rursusque ita visa monere est,
omnia Mercurio similis, vocemque coloremque
et crinis flavos et membra decora iuventa:
'nate dea, potes hoc sub casu ducere somnos,   560
nec quae te circum stent deinde pericula cernis,
demens, nec Zephyros audis spirare secundos?
illa dolos dirumque nefas in pectore versat
certa mori, variosque irarum concitat aestus.
non fugis hinc praeceps, dum praecipitare potestas?   565
iam mare turbari trabibus saevasque videbis
conlucere faces, iam fervere litora flammis,
si te his attigerit terris Aurora morantem.
heia age, rumpe moras.   varium et mutabile semper
femina.' sic fatus nocti se immiscuit atrae.   570
    Tum vero Aeneas subitis exterritus umbris
corripit e somno corpus sociosque fatigat
praecipitis: 'vigilate, viri, et considite transtris;
solvite vela citi. deus aethere missus ab alto
festinare fugam tortosque incidere funis   575
ecce iterum instimulat. sequimur te, sancte deorum,
quisquis es, imperioque iterum paremus ovantes.
adsis o placidusque iuves et sidera caelo
dextra feras.' dixit vaginaque eripit ensem
fulmineum strictoque ferit retinacula ferro.   580
idem omnis simul ardor habet, rapiuntque ruuntque;

4. Buch 117

zu leben, frei von Schuld, [550] wie ein Tier, und solchem
Kummer zu entgehen! Ich habe der Asche des Sychaeus
Treue gelobt und sie nicht gehalten!«

So bittere Klagen stieß sie aus ihrer Brust hervor. Aeneas,
hoch auf dem Heck des Schiffes, zur Abreise fest entschlos-
sen, genoß den Schlaf; denn alles war vorschriftsmäßig ge-
rüstet. [555] Im Traum erschien ihm, mit demselben Aus-
druck wiederkehrend, die Gestalt eines Gottes – alles an ihr
glich Mercurius, Stimme und Hautfarbe, das blonde Haar,
die jugendlich schönen Glieder; die Erscheinung mahnte ihn
erneut mit folgenden Worten: »Sohn einer Göttin, kannst
du unter diesen Umständen noch schlafen, [560] erkennst
du nicht, welche Gefahren dich bald umringen, törichter
Mensch, hörst du nicht den günstigen Westwind wehen?
Die Frau erwägt Listen und grausige Untat in ihrem Her-
zen, zum Sterben entschlossen, und hier und dort peitscht
sie Wogen des Zorns hoch. Willst du nicht schleunigst weg
von hier, solang ein Entkommen noch möglich? [565] Bald
wirst du sehen, wie das Meer von Schiffen wimmelt und
Fackeln überall wild aufleuchten, von Flammen das Gestade
wogt, wenn die Morgenröte dich in diesem Land säumig
antrifft. Los also, verweile nicht länger! Ein launisch und
wankelmütig Ding ist immer die Frau.« So sprach er und
tauchte ins Dunkel der Nacht. [570]

Da aber reißt sich Aeneas, durch die unerwarteten
Nachtbilder erschreckt, aus dem Schlaf und treibt die Ge-
fährten zur Eile: »Wacht schleunigst auf, Männer, und setzt
euch auf die Ruderbänke, hißt schnell die Segel! Hört, ein
Gott, vom hohen Himmel gesandt, treibt uns schon wieder
an, eilends zu fliehen und die gedrehten Schiffstaue zu kap-
pen. [575] Wir folgen dir, heilige Gottheit, wer du auch seist,
und gehorchen erneut mit Freuden deinem Befehl. Sei uns
nahe, ja, und hilf uns gnädig und gib, daß die Sterne am
Himmel uns günstig stehen.« So sprach er und zog aus der
Scheide das blitzende Schwert, kappte mit blanker Klinge
die Haltetaue. [580] Derselbe Eifer ergreift alle zugleich:

Zu 4,450–570

Zu 4,571–629

litora deseruere, latet sub classibus aequor,
adnixi torquent spumas et caerula verrunt.
　Et iam prima novo spargebat lumine terras
Tithoni croceum linquens Aurora cubile.   585
regina e speculis ut primam albescere lucem
vidit et aequatis classem procedere velis,
litoraque et vacuos sensit sine remige portus,
terque quaterque manu pectus percussa decorum
flaventisque abscissa comas 'pro Iuppiter! ibit   590
hic,' ait 'et nostris inluserit advena regnis?
non arma expedient totaque ex urbe sequentur,
diripientque rates alii navalibus? ite,
ferte citi flammas, date tela, impellite remos!
quid loquor? aut ubi sum? quae mentem insania
                              mutat?   595
infelix Dido, nunc te facta impia tangunt?
tum decuit, cum sceptra dabas. en dextra fidesque,
quem secum patrios aiunt portare penatis,
quem subiisse umeris confectum aetate parentem!
non potui abreptum divellere corpus et undis   600
spargere? non socios, non ipsum absumere ferro
Ascanium patriisque epulandum ponere mensis?
verum anceps pugnae fuerat fortuna. fuisset:
quem metui moritura? faces in castra tulissem
implessemque foros flammis natumque patremque   605
cum genere exstinxem, memet super ipsa dedissem.
Sol, qui terrarum flammis opera omnia lustras,
tuque harum interpres curarum et conscia Iuno,
nocturnisque Hecate triviis ululata per urbes

4. Buch

Schnell packen sie an, schnell fahren sie los; schon haben sie die Küste verlassen, unter den Schiffen verschwindet die See, kraftvoll wirbeln sie Gischt auf und fegen über das blaue Meer.

Schon übergoß Aurora in aller Frühe die Erde mit neuem Licht, als sie das safrangelbe Lager des Tithonus verließ. [585] Sobald die Königin von ihrer Warte das erste Licht schimmern und die Flotte mit gleichgerichteten Segeln dahinfahren sah, sobald sie erfaßte, daß Strand und Hafen leer waren, ohne Ruderer, schlug sie dreimal, viermal mit der Hand an ihre schöne Brust, raufte sich die blonden Haare aus und rief: »Bei Iuppiter! Soll er gehen [590] und mit meiner Herrschaft seinen Spott getrieben haben, der Fremdling? Will man nicht Waffen herbeischaffen und aus der ganzen Stadt ihm folgen, wollen andere nicht Schiffe aus den Docks reißen? Geht, bringt schnell Fackeln, teilt Waffen aus, setzt die Ruder in Gang! Was rede ich? Oder wo bin ich doch? Welch ein Wahn wandelt den Sinn mir? [595] Unglückliche Dido, macht dir erst jetzt dein gewissenloses Tun zu schaffen? Damals wäre es angebracht gewesen, als du ihm das Zepter gabst. Da hast du Schwur und Treue des Mannes, von dem es heißt, er führe die väterlichen Penaten mit sich, er habe den altersschwachen Vater auf seine Schultern genommen! Hätte ich nicht seinen Körper packen, in Stücke reißen und so über die Wogen [600] verstreuen können? Hätte ich nicht seine Gefährten mit dem Schwert vernichten können, Ascanius sogar, um ihn dann an der Tafel des Vaters servieren zu lassen? Allerdings, der Ausgang des Kampfes wäre zweifelhaft gewesen. Meinetwegen: Wen hatte ich denn angesichts des Todes zu fürchten? Fackeln hätte ich ins Flottenquartier schleudern sollen, den Schiffsraum in Brand setzen, so den Sohn und den Vater [605] samt der ganzen Brut ausrotten und mich selbst oben aufs Feuer werfen sollen! Sol, der du mit deinen Strahlen alles Tun auf Erden erhellst, du, Iuno, als Stifterin und Mitwisserin dieses Kummers, du, Hecate, die du in den Städten an nächtlichen

Liber IV

et Dirae ultrices et di morientis Elissae,   610
accipite haec, meritumque malis advertite numen
et nostras audite preces. si tangere portus
infandum caput ac terris adnare necesse est,
et sic fata Iovis poscunt, hic terminus haeret,
at bello audacis populi vexatus et armis,   615
finibus extorris, complexu avulsus Iuli
auxilium imploret videatque indigna suorum
funera; nec, cum se sub leges pacis iniquae
tradiderit, regno aut optata luce fruatur,
sed cadat ante diem mediaque inhumatus harena.   620
haec precor, hanc vocem extremam cum sanguine fundo.
tum vos, o Tyrii, stirpem et genus omne futurum
exercete odiis, cinerique haec mittite nostro
munera. nullus amor populis nec foedera sunto.
exoriare aliquis nostris ex ossibus ultor   625
qui face Dardanios ferroque sequare colonos,
nunc, olim, quocumque dabunt se tempore vires.
litora litoribus contraria, fluctibus undas
imprecor, arma armis: pugnent ipsique nepotesque.'

Haec ait, et partis animum versabat in omnis,   630
invisam quaerens quam primum abrumpere lucem.
tum breviter Barcen nutricem adfata Sychaei,
namque suam patria antiqua cinis ater habebat:
'Annam, cara mihi nutrix, huc siste sororem:
dic corpus properet fluviali spargere lympha,   635
et pecudes secum et monstrata piacula ducat.
sic veniat, tuque ipsa pia tege tempora vitta.
sacra Iovi Stygio, quae rite incepta paravi,
perficere est animus finemque imponere curis

4. Buch 123

Kreuzwegen unter Geheul angerufen wirst, ihr rächenden
Furien und alle Götter der sterbenden Elissa, [610] hört die-
sen Schrei, wendet euer göttliches Walten meinem Unglück
zu, ihr seid es schuldig, und vernehmt mein Gebet! Wenn es
unumgänglich ist, daß dieser abscheuliche Mensch einen
Hafen erreicht und sicher landet, und wenn Iuppiters Fa-
tum es so fordert, wenn dieses Ziel fest bleibt, so soll er
doch, von Krieg und Waffen eines tapferen Volkes heimge-
sucht, [615] aus seinem Gebiet getrieben, aus den Armen des
Iulus gerissen, um Hilfe flehen und den schmachvollen Tod
der Seinen erleben; auch soll er, wenn er sich den Bedingun-
gen eines ungerechten Friedens gebeugt hat, der Herrschaft
oder des ersehnten Lebensglücks nicht froh werden, son-
dern vorzeitig soll er sterben und unbestattet mitten im
Sand liegenbleiben. [620] Darum bitte ich, dies sind meine
letzten Worte, während mein Blut verströmt. Ihr, meine Ty-
rier sodann, verfolgt seine Nachkommen und das ganze zu-
künftige Volk mit eurem Haß, bringt dies meiner Asche als
Gabe! Keine Liebe soll sein zwischen den Völkern, auch
kein Bündnis. Erstehe aus meinen Gebeinen, Unbekannter,
als Rächer, [625] um dardanische Siedler mit Feuer und
Schwert zu verfolgen, jetzt, dereinst, wann immer Kräfte
vorhanden; Küste sei feindlich der Küste, Meer dem Meer,
das ist mein Fluch, Waffen den Waffen: Kämpfen sollen sie
selbst und die Enkel.«

So sprach sie, und nun ließ sie ihre Gedanken überallhin
schweifen [630] in dem Bestreben, das verhaßte Lebenslicht
möglichst schnell auszulöschen. Darauf wandte sie sich kurz
an Barce, die Amme des Sychaeus (denn ihre eigene lag als
schwarze Asche in der früheren Heimat): »Meine liebe
Amme, hol meine Schwester Anna hierher; sag, sie soll
rasch ihren Körper mit Flußwasser benetzen [635] und Tiere,
die vorgeschriebenen Sühnopfer, mitbringen. So soll sie
kommen, und du selbst umwickle deine Schläfen mit einer
sakralen Binde. Ich habe vor, die Opfer für Iuppiter Stygius,
die ich nach dem Ritus eröffnet und vorbereitet habe, zu

Liber IV

Dardaniique rogum capitis permittere flammae.'   640
sic ait.   illa gradum studio celerabat anili.

At trepida et coeptis immanibus effera Dido
sanguineam volvens aciem, maculisque trementis
interfusa genas et pallida morte futura,
interiora domus inrumpit limina et altos   645
conscendit furibunda rogos ensemque recludit
Dardanium, non hos quaesitum munus in usus.
hic, postquam Iliacas vestis notumque cubile
conspexit, paulum lacrimis et mente morata
incubuitque toro dixitque novissima verba: 650
'dulces exuviae, dum fata deusque sinebat,
accipite hanc animam meque his exsolvite curis.
vixi et quem dederat cursum Fortuna peregi,
et nunc magna mei sub terras ibit imago.
urbem praeclaram statui, mea moenia vidi,   655
ulta virum poenas inimico a fratre recepi,
felix, heu nimium felix, si litora tantum
numquam Dardaniae tetigissent nostra carinae.'
dixit, et os impressa toro 'moriemur inultae,
sed moriamur' ait. 'sic, sic iuvat ire sub umbras.   660
hauriat hunc oculis ignem crudelis ab alto
Dardanus, et nostrae secum ferat omina mortis.'
dixerat, atque illam media inter talia ferro
conlapsam aspiciunt comites, ensemque cruore
spumantem sparsasque manus. it clamor ad alta   665
atria: concussam bacchatur Fama per urbem.
lamentis gemituque et femineo ululatu
tecta fremunt, resonat magnis plangoribus aether,
non aliter quam si immissis ruat hostibus omnis

vollziehen und so meinem Kummer ein Ende zu setzen und den Scheiterhaufen des Dardanerführers in Flammen aufgehen zu lassen.« [640] So sprach sie. Die Amme beschleunigte ihren Schritt mit der Beflissenheit einer alten Frau.

Doch Dido, ungeduldig und durch das ungeheuerliche Vorhaben entfesselt, die blutunterlaufenen Augen rollend, mit Flecken auf den zitternden Wangen und angesichts des Todes bleich, stürzt in den inneren Bereich des Palastes, [645] besteigt, eine Rasende, den hohen Scheiterhaufen, entblößt das Dardanerschwert, ein Geschenk, das sie nicht zu diesem Zweck sich erbeten. Als sie jetzt die Gewänder aus Ilium und das vertraute Lager sah, hielt sie unter Tränen und in Gedanken ein wenig inne, legte sich dann auf das Bett und sprach ihre letzten Worte: [650] »Ihr Gewänder, geliebt, solange Fatum und Gottheit es erlaubten, nehmt mein Leben hin und erlöst mich von meinem Kummer! Ich habe mein Leben gehabt und die Bahn durchlaufen, die Fortuna mir zugewiesen, und nun wird ein edles Schattenbild meiner selbst unter die Erde gehen. Eine hochberühmte Stadt habe ich erbaut, meine Mauern gesehen, [655] meinen Gatten gerächt und den mir feindlich gesinnten Bruder bestraft, ich Glückliche, ja allzu Glückliche, wenn nur niemals dardanische Schiffe unsere Küste berührt hätten.« Sprach es, preßte ihr Gesicht auf das Polster und rief: »Ich werde ungerächt sterben, aber sterben will ich. Ja, so groß ist meine Freude, hinab zu den Schatten zu gehen. [660] Der grausame Dardaner mag vom Meer aus sich an diesem Feuer sattsehen und so das böse Zeichen meines Todes mit sich nehmen.« Das waren ihre Worte, und während sie noch so spricht, sehen ihre Begleiterinnen, wie sie, von der Klinge getroffen, zusammengesunken, sehen das von Blut triefende Schwert und die blutbespritzten Hände. Jammergeschrei steigt auf zu den hohen [665] Hallen: In wilder Begeisterung eilt Fama durch die erschütterte Stadt. Von Wehklagen, Stöhnen und Heulen der Frauen hallen die Häuser; es tönt von lautem Wehgeschrei der Aether, so, als seien Feinde eingedrungen

126   *Liber IV*

Karthago aut antiqua Tyros, flammaeque furentes   670
culmina perque hominum volvantur perque deorum.
    Audiit exanimis trepidoque exterrita cursu
unguibus ora soror foedans et pectora pugnis
per medios ruit, ac morientem nomine clamat:
'hoc illud, germana, fuit? me fraude petebas?   675
hoc rogus iste mihi, hoc ignes araeque parabant?
quid primum deserta querar? comitemne sororem
sprevisti moriens? eadem me ad fata vocasses,
idem ambas ferro dolor atque eadem hora tulisset.
his etiam struxi manibus patriosque vocavi   680
voce deos, sic te ut posita crudelis abessem?
exstinxti te meque, soror, populumque patresque
Sidonios urbemque tuam. date, vulnera lymphis
abluam et, extremus si quis super halitus errat,
ore legam.' sic fata gradus evaserat altos,   685
semianimemque sinu germanam amplexa fovebat
cum gemitu atque atros siccabat veste cruores.
illa gravis oculos conata attollere rursus
deficit; infixum stridit sub pectore vulnus.
ter sese attollens cubitoque adnixa levavit,   690
ter revoluta toro est oculisque errantibus alto
quaesivit caelo lucem ingemuitque reperta.
    Tum Iuno omnipotens longum miserata dolorem
difficilisque obitus Irim demisit Olympo
quae luctantem animam nexosque resolveret artus.   695
nam quia nec fato merita nec morte peribat,

4. Buch 127

und stürze ganz Karthago oder das alte Tyrus ein und als
wälzten sich wütende Flammen [670] durch die Häuser von
Menschen und Göttern.

Atemlos vernahm es die Schwester, und entsetzt stürzt sie
mit hastigen Schritten durch die versammelten Menschen;
mit den Nägeln zerkratzt sie ihr Gesicht, hämmert mit den
Fäusten auf ihre Brust und ruft die Sterbende beim Namen:
»Das war es also, Schwester: Überlisten wolltest du mich?
[675] Das sollte mir dieser Scheiterhaufen, das sollten mir
Feuer und Altar bescheren? Was soll ich, verlassen, zuerst
beklagen? Hast du deiner Schwester Begleitung im Sterben
verschmäht? Hättest du dein Los mit mir geteilt: Derselbe
schmerzliche Schwertstreich, dieselbe Stunde hätte uns bei-
den das Leben genommen. Habe ich gar mit diesen meinen
Händen den Scheiterhaufen geschichtet und die heimischen
[680] Götter mit lauter Stimme angerufen, um dir dann, als
du dich so niedergelegt, grausam fern zu sein? Du hast dich
und mich ausgelöscht, Schwester, dein Volk und die Väter
Sidons und deine eigene Stadt. Gebt mir frisches Wasser,
um ihre Wunden zu waschen, und wenn noch ein letzter
flüchtiger Atemzug in ihr ist, will ich ihn mit meinem Kuß
auffangen.« Unter diesen Worten hatte sie die Stufen bis
obenhin erklommen, [685] bettete die halbtote Schwester mit
den Armen in ihrem Schoß und versuchte stöhnend, den
schwarzen Blutstrom mit ihrem Kleid zu stillen. Dido
suchte die schweren Lider zu heben, doch schwanden ihr
wieder die Sinne; aus der Wunde, die sie sich tief in der
Brust zugefügt, drang ein Pfeifen. Dreimal hob sie das
Haupt und richtete, auf den Ellenbogen gestützt, sich auf,
[690] dreimal sank sie aufs Lager zurück, suchte mit unsteten
Augen hoch am Himmel das Licht, und wenn sie es gefun-
den, seufzte sie tief auf.

Da erbarmte sich die allmächtige Iuno der langen Qualen
und des mühsamen Sterbens und sandte Iris vom Olymp
herab, um die ringende Seele zu befreien und den Halt der
Glieder zu lösen. [695] Denn da sie weder eines schicksalhaf-

128 *Liber IV*

sed misera ante diem subitoque accensa furore,
nondum illi flavum Proserpina vertice crinem
abstulerat Stygioque caput damnaverat Orco.
ergo Iris croceis per caelum roscida pennis   700
mille trahens varios adverso sole colores
devolat et supra caput astitit. 'hunc ego Diti
sacrum iussa fero teque isto corpore solvo':
sic ait et dextra crinem secat, omnis et una
dilapsus calor atque in ventos vita recessit.   705

4. Buch 129

ten noch eines verschuldeten Todes starb, sondern elend, vor der Zeit und von plötzlichem Wahn gepackt, hatte ihr Proserpina noch nicht das blonde Haar vom Scheitel genommen und ihr Haupt noch nicht dem stygischen Orcus geweiht. So fliegt Iris schimmernd wie Tau auf ihren safranfarbenen Flügeln durch den Aether herab, [700] gegen die Sonne von tausend verschiedenen Farben sprühend, und macht über ihrem Haupt halt. »Dieses Haar, dem Dis geweiht, bringe ich gehorsam der Gottheit und löse dich von deinem Körper.« So spricht sie und schneidet mit der Rechten das Haar ab; sogleich wich alle Wärme, und das Leben ging auf in die Winde. [705]

Zu 4,642–705

Zu dieser Ausgabe

Die Ausgabe enthält ungekürzt den *lateinischen Text* des 3. und 4. Buches der *Aeneis*. Er folgt der Ausgabe: *P. Vergili Maronis Opera*, rec. R. A. B. Mynors, Oxford: Clarendon Press, 1969 (Scriptorum Classicorum Bibliotheca Oxoniensis), mit Ausnahme folgender Stellen:

	Mynors	*Vorliegender Text*
3,102	kein Absatz	
219	kein Absatz	
537	kein Absatz	
4, 46	hunc	huc
74	kein Absatz	
94 f.	tuque puer tuus (magnum et memorabile numen), / una ...	tuque puerque tuus: magnum et memorabile numen, / una ...
259	kein Absatz	
408	kein Absatz	
641	celebrabat	celerabat
642	kein Absatz	
672	kein Absatz	
681	sic te ut posita, crudelis, abessem	sic te ut posita crudelis abessem

Alle Abweichungen im Wortlaut stützen sich auf gute Varianten der älteren *Aeneis*-Überlieferung; die an einigen Stellen von Mynors' Ausgabe abweichende Interpunktion findet sich auch in anderen modernen Ausgaben; die zusätzlich markierten Absätze sollen den Text etwas stärker strukturieren.

Die *Übersetzung* – zumal die Prosaübersetzung eines epischen Originals – schließt einen nicht unerheblichen Substanzverlust ein. Die hier vorgelegte Übersetzung will in Vokabular und Stilhöhe die epische Vorlage angemessen wiedergeben, dabei nicht zu altmodisch, aber auch nicht gewollt modern klingen. Darüber hinaus wird versucht, die Struktur des Originaltextes anzudeuten, soweit dies nicht zu Mängeln im Ausdruck, zu Stilbrüchen oder Verständnisschwierigkeiten führt. Manchem Leser wird die Freiheit gegenüber dem Original zu weit, manchem nicht weit genug gehen: Wir meinen, dem kundigen Leser die Möglichkeit geben zu sollen, den schwierigen Prozeß des Übersetzens über weite Strecken nachzuvollziehen. Regelmäßig konsultiert wurde die – vorzügliche und originalnahe – deutsche metrische Übertragung von J. und M. Götte, ferner die aufs engste dem Original folgende französische Prosafassung von J. Perret und die einzige moderne deutsche Prosaübersetzung von V. Ebersbach. Was letztere betrifft, so ergab sich an manchen Stellen eine selbstverständliche Übereinstimmung; gelegentlich war Ebersbachs Version so überzeugend, daß eine Alternativübersetzung schwerfiel, an vielen Stellen meinten wir, Vergils Original präziser oder näher am Wortlaut oder doch stilgerechter wiedergeben zu können. Auch hier mag der Vergleich für den Kundigen reizvoll sein. Namen werden in ihrer vergilischen Form und in lateinischer Schreibung wiedergegeben.

Siegmar Döpp und Reinhold Glei danken wir für gründliche Lektüre der Übersetzung und für eine Reihe treffender Formulierungsvorschläge, Judith Hendricks und Beate Kobusch für das Lesen der Korrekturen.

Die *Anmerkungen* bieten die für das Verständnis erforderlichen Sachinformationen. An einigen Stellen gehen sie auf das Verhältnis Original – Übersetzung ein. Die interpretierenden Bemerkungen sind gegenüber der Ausgabe *Vergil, Dido und Aeneas. Das 4. Buch der Aeneis* (Stuttgart: Reclam, 1991; UB Nr. 224) verstärkt, um dem Leser den Fortgang der epischen Handlung und deren historisches Telos zu verdeutlichen sowie Strukturen und innere Bezüge der Erzählung aufzuzeigen: Die Hinweise auf Vorbilder, Parallelen, Nachahmungen in Werken anderer Autoren sind dagegen auf ein Minimum beschränkt.

Um die Anmerkungen zu entlasten, ist ein auf der Grundlage des lateinischen Originaltextes bearbeitetes *Verzeichnis der Eigennamen* angefügt, für dessen Herstellung wir Hartwig Heckel danken; ein *Stammbaum* erfaßt Vergils Version der Aeneassage und deren historische Dimension; zwei *Karten* veranschaulichen den Weg der Irrfahrten.

Einige wichtige Daten zu Person und Gesamtwerk Vergils sind in einer *Zeittafel* zusammengestellt und dort mit Daten der politischen Geschichte und der Kulturgeschichte parallelisiert.

Die *Literaturhinweise* beschränken sich auf einige Titel zu Vergils Gesamtwerk und zur Aeneassage sowie auf Bücher und Aufsätze

Zu dieser Ausgabe

zum 3. und 4. Buch der *Aeneis* und die wenigen in den Anmerkungen mehrmals abgekürzt zitierten Arbeiten.

Die *Illustrationen* schließlich sind der Vergil-Ausgabe von Sebastian Brant (Straßburg 1502, bei Johann Grüninger) entnommen und geben ein frühes Beispiel der Rezeption des hier vorgelegten Textes; für die Kurzbeschreibungen danken wir Maren Saiko.

Anmerkungen

Die Zahlen vor dem Text der Anmerkungen bezeichnen den erläuterten Vers oder den ersten Vers einer Versgruppe, auf die sich die Erläuterung bezieht. Stichwörter der Übersetzung, lateinische Wörter und Buch- und Werktitel sind kursiv gesetzt.

Die Anmerkungen bedienen sich der heute üblichen, ihrer Herkunft nach griechischen Schreibung der Eigennamen. In Zusammenhängen, die aus der *Aeneis*, aber nicht aus griechischer Tradition bekannt sind, und bei Götternamen wird allerdings die lateinische Schreibung bevorzugt.

Dies gilt auch für das die Anmerkungen ergänzende *Verzeichnis der Eigennamen* (S. 190 ff.), auf das mit der Abkürzung VdE verwiesen wird.

3. Buch

Die Bücher 1–6 der *Aeneis* werden häufig als die »vergilische Odyssee« bezeichnet. Eine Irrfahrtenerzählung im Sinne des homerischen Epos enthält allerdings – von der Seesturmszene des 1. Buches abgesehen (1,34–222) – nur das Buch 3: Buch 1 berichtet ab V. 223 von der Ankunft der Aeneaden in Karthago; Buch 2 bietet den Bericht des Aeneas vom Untergang Troias, Buch 4 das Dido-Drama; Buch 5 spielt auf Sizilien, Buch 6 erzählt vom Gang des Aeneas in die Unterwelt.

Der 2,3 begonnene Bericht wird ohne Unterbrechung in 3,1 fortgesetzt: Er nimmt den größten Teil der Nacht nach dem Festmahl in Didos Palast ein (vgl. 1,748–50; 4,3–7). Die beiden »Hälften« des Berichts weisen jedoch deutliche Unterschiede auf: Während Buch 2 in hochdramatischer Erzählung im wesentlichen die Ereignisse eines Tages und einer Nacht bietet, vermittelt Buch 3 gerafft die Erlebnisse einer siebenjährigen Irrfahrt in einem überwiegend ruhigen, unpathetischen Stil; Buch 2 weist kaum Pausen des Geschehens auf, in der Reiseschilderung finden sich hingegen zahlreiche Ruhepunkte; Buch 2 ist noch weitgehend auf das alte Troia, seine Vergangenheit, den Versuch seiner Rettung aus dem Verhängnis konzentriert, Buch 3 dagegen extrem nach vorwärts gerichtet auf ein neues Troia; entsprechend überwiegt im zukunftsorientierten

Irrfahrtenbuch bei allen Gefährdungen und Rückschlägen ein
freundlicheres Fatum und die Führung der Aeneaden durch die
Götter.

Zwei »Dramen« – Troias Untergang und Didos Tod – umschlie-
ßen eine an mitunter märchenhaften Erlebnissen reiche Reiseerzäh-
lung, die dem Leser die »physische« Annäherung des Aeneas an das
Ziel seiner Mission vermittelt; sie mündet in eine seelisch-emotio-
nale »Irrfahrt« des Helden und die daraus resultierende »psychi-
sche« Annäherung des Aeneas an den göttlichen Auftrag (bzw. die
Aussöhnung mit dem Gebot des Fatums).

Die Übergänge zwischen den Büchern der *Aeneis* sind in der Re-
gel gleitend: So wird hier noch einmal auf die Verantwortung der
Götter für den Untergang Troias verwiesen (vgl. dazu bes. 2,602 f.
die Unnachsichtigkeit der Götter), ja auf ihre Ungerechtigkeit (*ob-
gleich schuldlos*). Der die Irrfahrtenerzählung einleitende Abschnitt
1–12 betont unüberhörbar, daß das ganze Geschehen um Aeneas
auf göttlicher Fügung beruht, vgl. 3,2.5.7.9.12.

1 *Asiens Reich:* s. VdE Asia; *Volk des Priamus:* s. Stammbaum S. 188.
3 *Ilium ... Troia, die Stadt des Neptunus:* Nach dem Mythos er-
baute Neptunus zusammen mit Apollo die Mauern Troias, doch
Laomedon, König von Troia und Vater des Priamus, betrog
die beiden Götter um ihren Lohn für den Mauerbau; daher in
Didos Reflexion Aen. 4,542 (*Laomedonteae ... periuria gentis*;
vgl. Verg. Georg. 1,502 und Hor. Carm. 3,3,26 f. *Priami domus
periura*) der Verweis auf das durch Meineid schuldig gewordene
Troia: Priamus ist (3,1 *Volk des Priamus*) in die Schuld des Vaters
verstrickt; seine Linie des troianischen Königshauses mußte mit
Troia untergehen. Ohne den Mythos direkt anzusprechen, evo-
ziert Vergil beim Leser durch Wortwahl und Namen in 3,1–3 die
ganze »Vorgeschichte« der Irrfahrten des Aeneas, die auch die sei-
nes Helden ist, aus der dieser aber gleichsam unbelastet hervor-
geht, um ein neues, besseres Troia zu gründen.
4 *einen Zufluchtsort in der Ferne:* Wiederholt wird das Verlassen
Troias mit dem Begriff »Flucht« (*fuga*), das Suchen nach einer
unbekannten neuen Heimat und diese selbst mit dem Begriff
»Verbannung«, »Zufluchtsort« (*exsilium*) bezeichnet, vgl. etwa
2,619.640 und 2,638.780.798, auch 3,11. An späterer Stelle veran-
laßt das Flüchtlingsschicksal (vgl. schon 1,1 *profugus*) die typolo-
gische Verbindung des Aeneas mit dem italischen Ur- und Frie-

denskönig Saturnus und dem am Platz des späteren Rom ansässig gewordenen Arkader Euander: vgl. 8,319–336; dazu G. Binder, *Aeneas und Augustus*, S. 84–87.

7 *ohne zu wissen, wohin das Fatum uns trägt:* Das *Fatum* (eigtl. »Spruch«, von *fari* »sprechen«) ist nach römischer Vorstellung der von den Göttern, besonders von Iuppiter, ausgesprochene Götterwille, ein fest bestimmtes Geschick: unvermeidliches, unwiderrufliches Verhängnis oder gutes bzw. schlechtes Lebenslos und das Lebensziel, der Tod. Der lat. Plural *fata* bezeichnet Schicksale einzelner Menschen oder die Parzen als Schicksalsgottheiten; in der Dichtung findet sich jedoch häufig der sog. poetische Plural (vgl. z. B. 3,395). Die vorliegende Übersetzung verzichtet meist auf eine deutsche Wiedergabe und verwendet nebeneinander *Fatum* und *Fata*. – Das 3. Aeneisbuch weist manche Zeichen von Unfertigkeit auf, so daß die Interpreten bald für eine frühe, bald für eine sehr späte Entstehung des Buches eintreten (wichtig dazu, jedoch z. T. widerlegt, R. Heinze, *Virgils epische Technik*, S. 82–95; zusammenfassend R. D. Williams, Oxford 1962, S. 19–23). Zu den Widersprüchlichkeiten gehört, daß die Aeneaden während der ersten Stationen ihrer Irrfahrt offenbar das Ziel derselben nicht kennen, obwohl in der Prophezeiung der Creusa (2,781 f.) Hesperien (»das Land im Westen«) und der Tiber bereits genannt wurden; vgl. auch 3,88.

9 In pathetischen Worten schildert Aeneas den entscheidenden Augenblick des Abschieds von Troia: *Vater Anchises* (über seine Rolle und den Titel *Vater* s. Anm. zu 3,102) gibt das Zeichen zum Aufbruch, läßt *dem Schicksal die Segel setzen.* In einem von Alliterationen geprägten Vers (*litora cum patriae lacrimans portusque relinquo*) drückt Aeneas seinen Schmerz aus: Abschied nehmend von einem Troia, das nicht mehr existiert, weint er wie unlängst beim Abschied von seiner Gattin Creusa (2,784.790; vgl. zum weinenden Aeneas vor allem 1,459–473 und R. Rieks, *Die Tränen des Helden*); erneut klingt das Fluchtmotiv an (*exsul*, s. Anm. zu 3,4).

12 Der Vers setzt den hoffnungsvollen, zukunftsorientierten Akzent am Ende der Einleitung: Vater Anchises wird nebst einigen *Gefährten* die neue Heimat nicht erreichen; aber Aeneas hat bei sich den *Sohn* Ascanius/Iulus (s. Stammbaum S. 188), auf dem letztlich der Fortbestand Troias und des Aeneadengeschlechts ruht bis hin zu dem fernen »Enkel« Augustus, und die *Penaten*

138 *Anmerkungen*

(vgl. dazu Hectors Mahnung an Aeneas 2,293 ff.), Schutzgottheiten des alten und einst auch des neuen Troia. Schon in der Antike war umstritten, ob *Penaten* und *Große Götter* identisch oder voneinander verschieden seien. Die Übersetzung geht – im Anschluß an die Traumerscheinung Hectors – davon aus, daß (aus der zeitlichen Perspektive des Dichters) die Doppelbezeichnung *Penaten* und *Große Götter* den staatlichen Kult der Vesta einschließt: Das Herdfeuer der Vesta und die in ihrer Nähe lokalisierten Penaten galten als Garanten (»Unterpfänder«, *pignora*) der Existenz Roms. Von daher erklärt sich auch die Wiederholung des Verses 12b in der Beschreibung des Aeneasschildes 8,679, wo Octavianus (in Begleitung von »Senat und Volk«) dargestellt wird auf der Fahrt zum Entscheidungskampf gegen Cleopatra und Antonius.

13 *des Mars:* vgl. 3,35 das Gebet zu (dem italisch-römischen) *Vater Gradivus*, dessen Beiname ungeklärt ist, vermutlich aber *Mars* in kriegerischer Funktion bezeichnet (im Gegensatz etwa zu einem altitalischen Feld- oder Gemeindegott *Mars*). Das *unter dem Schutz* dieser Gottheit stehende Land ist Thrakien: *Mars* und *pater Gradivus* verweisen also eigentlich auf den griechischen Kriegsgott Ares.

17 Indem der Erzähler Aeneas betont, daß das *Fatum* ungnädig auf sein Vorhaben sah, nimmt er den negativen Ausgang der Landung in Thrakien vorweg und weist voraus auf die schaurige Geschichte vom verwandelten *Polydorus*. – Die Einwohner der Neugründung heißen Aeneaden nach Aeneas (vgl. zu diesen aus hellenistischer Tradition stammenden Aitiologien des Epos Anm. zu 3,63); die Stadt selbst, deren Name ungenannt bleibt, ist – aus der Perspektive des Autors – mit der historischen Kleinstadt Aineia auf der Halbinsel Chalkidike zu identifizieren.

22 Die Wundergeschichte von *Polydorus* (der Name erst 3,45, s. VdE) ist vermutlich Vergils Eigentum. In der homerischen *Ilias* tötet Achilleus den Priamossohn und fordert damit Hektors Rache heraus. Euripides erzählte in seiner Tragödie *Hekabe*, daß die Eltern ihren Sohn Polydoros zu dem Thrakerkönig Polymestor schickten, um ihn aus dem Morden vor Troia fernzuhalten; nach dem Fall Troias eignete sich Polymestor das ihm anvertraute Erbe des Polydoros an und brachte diesen um (vgl. 3,49 ff.). Diese Sagenversion hat Vergil in die Aeneassage inte-

griert: Die Reise der Aeneaden beginnt mit einem düsteren Zeichen.

37 *an einen dritten Busch:* Die (magische) Dreizahl ist typisch für Steigerung und Höhepunkt der Wundererscheinung (wie in Legende und Märchen). Zur Dreizahl in der *Aeneis:* Zweimal drei Schiffe verliert Aeneas im Seesturm (1,108–112); 333 Jahre vergehen bis zur Gründung Roms (1,265–274); dreimal entgleitet Creusas Schattenbild dem verzweifelten Aeneas (2,692–694); Dido richtet sich im Todeskampf dreimal auf (4,690–692); drei vergebliche Anläufe braucht Hercules im Kampf gegen das Ungeheuer Cacus (8,230–232); vgl. auch 3,566 f. in Verbindung mit 3,421; 4,509–511 (mit Anm.); 10,885–887.

45 *eiserne Saat der Speere:* Die agrarisch-militärische Metapher kehrt Aen. 12,663 f. wieder, vgl. aber besonders Verg. Georg. 2,140–142, wo die Schrecken des griechischen Mythos – von Jason ausgeworfene Drachenzähne lassen eine von Helmen und Speeren starrende Männersaat aufgehen (142 *galeis densisque virum seges horruit hastis*) – für das gelobte Land Italien verneint werden. An unserer Stelle bringt die Waffensaat wieder natürliche Triebe hervor.

48 Der Vers findet sich wörtlich auch Aen. 2,774, wo er die Reaktion des Aeneas auf die Erscheinung des Schattens der Creusa beschreibt; vgl. Anm. zu 3,147.

49 Vgl. Anm. zu 3,22. Der schon 3,17 mit *fatis iniquis* gesetzte negative Akzent, die düstere Stimmung wird verstärkt. Das Ende Troias und seines Königs Priamus wird in dem nur hier mit ihm verbundenen Beiwort *unglückselig* (*infelix*) antizipiert wie das Schicksal Didos, die bereits ab Aen. 1,712 wiederholt als *infelix* bezeichnet wird, vgl. Anm. zu 4,65.

55 *bricht alle heiligen Gebote,* vor allem die durch Verwandtschaft (Polymestor hatte die Priamustochter Ilione zur Frau) und Gastrecht begründeten Verpflichtungen und überhaupt die Gesetze von Treu und Glauben. Die kausale Verbindung von Habgier und Gewalt wird in der *Aeneis* wiederholt thematisiert: Besonders deutlich ist 8,327, wo die dem Frieden des goldenen Zeitalters folgende Epoche mit den Begriffen »Kriegswut« und »Habsucht« (*belli rabies et amor ... habendi*) bezeichnet wird; der von der Propaganda des Octavianus als gefährlicher Aggressor gebrandmarkte Antonius dürfte Aen. 6,621 f. gemeint sein, wo einem Büßer der Unterwelt die Schuld zuerkannt wird, er

habe »um Gold das Vaterland verkauft«. Im Gegensatz dazu kennt das Epos zahlreiche Figuren, die sich durch Bescheidenheit auszeichnen, etwa König Euander, der am Platz des späteren Rom in einem prunklosen Königshaus residiert, und dessen Gäste Hercules und Aeneas (s. dazu 8,359–366). Vergil verweist in solchen *Exempla* auch auf die Tugend der Bescheidenheit (*modestia*) des Princeps Augustus. Vgl. dazu G. Binder, *Aeneas und Augustus*, S. 102–105.

56 Die Worte des Aeneas (zur Form vgl. Aen. 4,412) erinnern Dido schmerzlich an ihr eigenes Schicksal: die Ermordung ihres Gatten Sychaeus durch Pygmalion aus Macht- und Habgier (vgl. Aen. 1,343 ff.). Aeneas stellt sich selbst dar wie den Vorsitzenden einer römischen Senatsversammlung (vgl. bes. die Terminologie: Bericht erstatten, Voten einholen).

61 *dem geschändeten Gastrecht:* vgl. 3,15 und Anm. zu 3,22.

63 *den Manen* (des Polydorus): s. VdE MANES. Die nachfolgende Bestattungsszene hat im Rahmen der epischen Erzählung die Funktion, den römischen Bestattungsritus als ursprünglich troianisch auszuweisen (zu den Ursprungsgeschichten, »Aitiologien«, der *Aeneis* s. G. Binder, *Aitiologische Erzählung*: Aen. 3,63 ff. ist dort nachzutragen; vgl. auch Anm. zu 3,17). Das *Hügel*-Grab (*tumulus*), ursprünglich etruskisch, findet sich bei den Römern häufig seit dem 1. Jh. v. Chr.; auch die *Bänder* als Schmuck von Altären (opfernden Priestern, s. 3,370, Opfertieren) entsprechen römischem Brauch. Das Begräbnis des Polydorus weist eine Reihe von Parallelen zum Totengedächtnis am Grab des Anchises auf: An dessen Tumulus werden »Traueraltäre« errichtet; seinem Totengeist werden Wein, Milch, Opferblut (unrömisch) und Blumen gespendet (s. 5,48.76–79). – *wir bringen … herbei* (lat. *inferimus* zu *inferre*): *inferiae* sind die den Toten dargebrachten Opfergaben; Vergil bedient sich (3,66) eines Terminus technicus des Totenopfers. – Am Schluß (3,68) wird vermutlich auf den im römischen Bestattungsritual bekannten *letzten Gruß* angespielt (auch mehrfach in der *Aeneis*: vgl. z. B. 2,644, wo Anchises lebensmüde seinen Tod beschwört; 11,95–98, wo Aeneas dem Pallas das *vale* nachruft).

73 Nach einer extrem knappen Fahrtschilderung beginnt die Erzählung über Delos, die zweite Station der Irrfahrten, mit einer für das Epos typischen Beschreibung (Ekphrasis) der Insel. In ihrem Mittelpunkt steht der Gott Apollo, bezeichnet durch das

3. Buch

epische Beiwort *Bogenträger*, sodann namentlich genannt, ferner
in Gestalt seines Sohnes, des *Phoebus*-Priesters Anius (80), und
seines Tempels sowie des ihm heiligen Lorbeers präsent: Apollo,
die ihm zugeordneten Penaten und seine Priester sind tragende
Figuren des Irrfahrtenbuches; vgl. W. Kühn, *Götterszenen*, S. 50
bis 55; auch W. Unte, *Die Gestalt Apollos*, S. 212–226.

78 *uns Erschöpfte* (lat. *fessos*): Schlüsselwort der Irrfahrtenerzäh-
lung, vgl. auch 3,85.145.276.568.710.

80 Die Verbindung von Königswürde und Priesteramt ist aus vie-
len Kulturen bekannt, auch aus Roms Frühzeit. Anchises kennt
Anius von früher: Er soll ihn um Rat gefragt haben, ob er König
Priamus auf eine Reise nach Salamis begleiten solle, vgl. Aen.
8,156–158; zu dieser Szene und zum Motiv des Händereichens
(*iungere dextras*: 3,83) s. G. Binder, *Aeneas und Augustus*, S. 70
bis 75. – Der *Lorbeer* ist Baum des Apollo (vgl. 3,91.360). Seine
Geschichte erzählt Ovid, *Metamorphosen* 1,452 ff.: Daphne er-
widert Apollos Liebe nicht und wird daher in einen Lorbeer-
baum verwandelt; »da du meine Gattin nicht werden kannst,
sollst du zumindest mein (heiliger) Baum sein« (1,557 f.).

85 *Thymbraeus* ist Beiname des Apollo, nach *Thymbra*, einer
Ebene in der Landschaft Troas: Es ist bezeichnend, daß Aeneas
hier auf Delos gerade den heimatlichen Apollo anruft; denn es
geht, wie mehrfach betont wird, um ein neues Troia für die er-
schöpften (s. Anm. zu 3,78) Hinterbliebenen. Auch wird hieraus
deutlich, daß der Aeneas der Irrfahrten noch ganz von der troia-
nischen Vergangenheit her denkt (s. auch Anm. zu 3,121). – 3,87
ist Wiederholung von 1,30.

89 Als Orakelgott wird Apollo um *eine Weisung* (*augurium*) gebe-
ten. Die Gegenwart der Gottheit äußert sich in Naturphänome-
nen, deren Schilderung im lat. Original durch rhetorische Mittel
unterstützt wird. Ähnlich wie 2,679 ff. wird auch hier in For-
meln des römischen Auguralwesens gesprochen: 3,89 *da, pater,
augurium* (vgl. 2,691 *da deinde auxilium, pater*), betet Aeneas
und erhält unmittelbar darauf (3,90 *vix ea fatus eram*; vgl. 2,692
vix ea fatus erat) das erbetene Zeichen (in der römischen Sakral-
sprache das *augurium impetrativum*) und die – nach Orakelart
– zu einer Fehldeutung führende Auskunft Apollos.

94 In der Offenbarung Apollos hat jedes Wort Gewicht: Erstmalig
in der *Aeneis* wird mit Hilfe der sog. Dardaner-Genealogie
Italien als Ziel der Aeneaden und deren künftiges Herrschafts-

142   *Anmerkungen*

gebiet angedeutet: Dardanus, ihr Ahnherr, soll aus Italien (Etrurien) in die kleinasiatische Landschaft Troas eingewandert sein, Aeneas und seine Begleiter wären demnach Rückkehrer (*reduces*) in ihre Urheimat, Landnahme und Herrschaftsanspruch kein Akt der Aggression (wie dies später von Turnus und seinen Verbündeten empfunden wurde, s. etwa Aen. 8,9 bis 17); vgl. V. Buchheit, *Vergil über die Sendung Roms*, S. 151 bis 172, und den Stammbaum S. 188. Als *Leiderprobte* (»gehärtete«: *duri*) – durch langes Umherirren und Exil – können die Aeneaden an die Aufgabe herantreten, eine künftige Weltherrschaft der Römer zu begründen (3,98 vertritt den sonst von Vergil gebrauchten Begriff »Enkel«, *nepotes*). Vergil greift (mit einer bedeutsamen Abweichung) auf Poseidons Worte Homer, *Ilias* 20,307 f., zurück: »Jetzt aber sollen des Aineias Gewalt über die Troer herrschen und die Söhne seiner Söhne.« Vgl. auch R. F. Glei, *Der Vater der Dinge*, S. 145 f.; zur Bedeutung der »Mutter Erde« im politischen Denken der Römer s. M. Bonjour, *Terre natale*, Lille 1976.

102 Anchises besitzt die oberste, besonders die religiöse »Führungskompetenz«, darin dem römischen *pater familias* gleichend. Er heißt in dieser Funktion an zahlreichen Stellen des 3. Buches *Vater* (*pater*), trifft richtungweisende Anordnungen, spricht Gebete, opfert, deutet göttliche Zeichen (vgl. 3,9.143 ff.178 ff.263 ff.525 ff.539 ff.558 ff.610 ff.; Schlüsselstelle 3,472–481). Der »Titel« *Vater* geht nach seinem Tod auf den Sohn Aeneas über, der nur an Anfang und Ende seines Berichts vor Dido *Vater* genannt wird (2,2 und 3,716; Ausnahme 3,342 als leiblicher Vater des Ascanius neben Hector, dem Onkel): Dort liegt der Akzent auf seiner Rolle als verantwortlicher und fürsorglicher Anführer (König) der Aeneaden. Darüber hinaus verkörpert der *pater Aeneas* »den Römer«, präfiguriert insbesondere den Stadtgründer Romulus und den Princeps Augustus.

104 Kreta heißt *Insel des ... Iuppiter* als dessen Geburtsort (vgl. Hesiod, *Theogonie* 453–486); dort wuchs er – von seiner Mutter Rhea vor Kronos versteckt, von Gaia und Nymphen behütet – in einer Höhle am *Berg Ida* heran; die mit ihren Waffen lärmenden Kureten übertönten das Schreien des Kindes. Der trojanische Urkönig *Teucer* (hier *Teucrus*) wanderte von Kreta nach Phrygien ein und brachte kretische Traditionen mit (so ist auch der *Berg Ida* bei Troia nach dem gleichnamigen kretischen

3. Buch 143

benannt). Den orgiastischen Kult der Göttermutter Kybele
(der Magna Mater: ihr Kult in Rom seit 204 v. Chr.) brachte der
griechische Mythos mit dem kretischen der Zeusmutter Rhea
in Verbindung, ihre Priester, die Korybanten, mit den Kureten;
vgl. auch VdE CORYBANTIUS, CYBELUS, RHOETEUS. Das von
Vergil erwähnte kultische *Schweigen* (112) ist vielleicht auf die
Annäherung des Kybele-Kultes an die Demeter-Mysterien zu-
rückzuführen.

116 Anchises hofft auf den Beistand *Iuppiters* als Hauptgott des
Fahrtzieles Kreta und als Wettergott. Das Stieropfer gilt Nep-
tunus, dem Herrscher des Meeres (3,74 *Neptuno Aegaeo*), und
dem delischen Apollo (3,75 ff.) mit dem häufigen Beiwort *pul-
cher* (herrlich, strahlend, stark); über die Rolle beider Götter
beim Mauerbau Troias s. Anm. zu 3,3. – Eindeutige Bestim-
mungen darüber, welchen Gottheiten *weiße*, welchen *schwarze*
Tiere geopfert werden müssen, sind weder aus dem griechi-
schen noch aus dem römischen Kultwesen überliefert. Himmli-
schen (und potentiell gnädigen, glückverheißenden) Gottheiten
scheinen häufiger *weiße*, unterirdischen (auch Nacht- und
Sturmgöttern, also potentiell ungünstig gesinnten) Gottheiten
eher *schwarze* Tiere geopfert worden zu sein.

121 Die Fahrt von *Ortygia* (Delos) zum *Gestade der Kureten*
(Kreta, vgl. Anm. zu 3,104), die von Apollo vermeintlich be-
fohlene Rückkehr in die Urheimat (vgl. 3,94 ff.101), wird von
den Troianern mit um so größerer Hoffnung unternommen,
als Kreta seinen König Idomeneus nach dessen Heimkehr aus
dem Troianischen Krieg verloren hatte und von seinen Bewoh-
nern aufgegeben worden war. Die Eile beim Bau von Mauer
und Burg (vgl. 3,132.135) und die Namengebung *Pergamus-
stadt* zeigen, daß Aeneas noch immer im Gedanken an das un-
tergegangene Troia befangen ist: Damit bereitet Vergil die de-
finitiv den Weg nach Italien weisende Traumerscheinung der
Penaten (3,147 ff.) vor.

135 *Für Recht und Gesetz* zu sorgen, »Rechtsnormen zu setzen«,
ist dem Herrscher vorbehalten; Vergil verbindet die qualifizie-
rende Wendung auch mit Romulus-Quirinus und Remus
(1,292 f.), mit Dido (1,507), Iuppiter (1,731), Acestes (5,758),
Priamus (7,246), Saturnus (8,322) sowie mit dem jüngeren
Cato, dem die Rechtspflege im Elysium obliegt; vgl. G. Binder,
Aeneas und Augustus, S. 89–95, 209–211.

144 *Anmerkungen*

Zweifellos soll die über die Aeneaden hereinbrechende Pest den der Fahrt nach Kreta und der dortigen Landnahme zugrunde liegenden Irrtum korrigieren: ein Prodigium, das in seinen Äußerungen wie eine göttliche Strafe wirkt, obwohl ihm kein menschlicher Frevel voranging. Die Erklärung von B. Grassmann-Fischer, *Die Prodigien*, S. 95, ist unzureichend: »Was sich ... für den Augenblick als verhängnisvoll ausnimmt, ist für die Zukunft heilsam und förderlich.« Das die Fahrt nach Kreta zusätzlich motivierende Geschick des ehemaligen Königs Idomeneus dürfte den entscheidenden Hinweis geben. Nach der von Vergil offenbar benutzten Sagenversion hatte Idomeneus – auf dem Heimweg von Troia in Seenot geraten – dem Poseidon gelobt, das erste Lebewesen zu opfern, auf das er bei der Landung in Kreta treffe: Er mußte seinen Sohn töten, der zur Begrüßung gekommen war, und wurde wegen dieser grausamen Tat vertrieben (bzw. er weigerte sich, den Sohn zu opfern, und über Kreta kam die Pest; vgl. Servius zu Aen. 3,121). Auf Kreta lag seither ein Fluch (s. 3,121–123): Diesen, wenn auch im Gefolge eines Irrtums, ignoriert zu haben, veranlaßt das strafende und zugleich zukunftsweisende Prodigium. – Wieder ist es Anchises, der die Parole »Zurück nach Delos!« ausgibt (s. Anm. zu 3,102).

147 Nachtszenen wie die folgende finden sich in der *Aeneis* an bedeutenden Wendepunkten der epischen Erzählung; oft veranlaßt gleicher (formelhafter) oder ähnlicher Wortlaut der Einleitungen den Leser, die Funktion der Szenen zu vergleichen: Hier verweisen die Verse 147 und 153 besonders auf die Traumerscheinung des getöteten Hector und dessen Befehl, mit den Penaten Troia zu verlassen (2,268–297); auf die Begegnung des Aeneas mit dem Schatten der Creusa, deren Rede den Weg nach Italien weist (2,768–795); auf die überstürzte Abfahrt der Troianer von Karthago und Didos verzweifeltes Selbstgespräch (4,522–552: s. Anm.); auf die Erscheinung des Tibergottes, der dem von Sorgen geplagten Aeneas zur Fahrt nach Pallanteum/Rom rät (8,26–67: vgl. G. Binder, *Aeneas und Augustus*, S. 16–28). Zur Traumerscheinung der *Penaten* vgl. H. R. Steiner, *Der Traum in der Aeneis*, S. 37–44. – Über das Nebeneinander der *Bilder der Götter* und der *Penaten* (148) s. Anm. zu 3,12.

3. Buch 145

154 *Apollo* kommt mit Hilfe der *Penaten* einer neuerlichen Fahrt
zum Orakel auf Delos zuvor (*von sich aus: ultro*); seine Bot-
schaft ist überdeutlich: Troias *Penaten* garantieren die Grün-
dung eines neuen Troia; sie, die Götter, haben sich menschlicher
Führung anvertraut, um dieses Versprechen einzulösen! Der
neuen Stadt wird weitreichende Macht verliehen sein, wie dies
schon *Apollo* auf Delos prophezeit hatte (3,94–98; vgl. bes.
Iuppiters Worte 1,278 f.): Im Stichwort *Enkel* (*nepotes,* vgl.
3,409.505; 4,629) manifestiert sich Roms Geschichte, hier be-
sonders der künftige Gipfel römischer Herrschaft in Gestalt des
Princeps Augustus, den der Götterhimmel – so Vergil in den
Georgica (1,503 f.) – längst schon den Römern mißgönnt. Das
neue Troia liegt unwiderruflich in Italien, dem Herkunftsland
des Ahnherrn *Dardanus* (s. Anm. zu 3,94) und seines Bruders
Iasius. Im Preislied der *Georgica* heißt Italien *Land des Satur-*
nus, große Mutter der Feldfrucht, Mutter der Helden (2,173 f.
magna parens frugum, Saturnia tellus, magna virum), hier ent-
sprechend *uraltes Land, stark durch Waffen und Fruchtbarkeit*
seines Bodens: Zusammen mit dem Orakelspruch Apollos for-
muliert die Wegweisung der Penaten wesentliche Elemente
einer Rom- und Italien-Ideologie, wie sie sich – von Vergils
Werk beeinflußt – in Bildprogrammen des frühen Prinzipats
allen Römern sichtbar dokumentierte.

163 Die Verse 3,163–166 finden sich als Dublette in der Rede des
Ilioneus vor Königin Dido 1,530–533, gefolgt von einem sog.
Halbvers (s. Anm. zu 3,218): Eine absichtliche Doppelung ist
wenig wahrscheinlich; da wir nicht ermitteln können, an wel-
cher Stelle bei einer Endredaktion des Epos die Streichung er-
folgt wäre, sind die Verse in ihrem jeweiligen Kontext zu inter-
pretieren.

173 *kein Traumbild:* Das lat. Wort *sopor* bezeichnet im engeren
Sinn den »Tiefschlaf« und somit Traumbilder, die nicht ins Be-
wußtsein rücken, an die sich der Träumende nicht oder nur
vage erinnert; das in der ersten Schlafphase geträumte Bild ist
für Aeneas hingegen »zum Greifen nah« (3,151 *in somnis ...*
manifesti), die Penaten sind *leibhaftig ... zu erkennen,* ganz
nah ihre Münder (*coram agnoscere vultus; praesentia ora*).

176 im griechischen ebenso wie im römischen Kult kehrte der Be-
tende der Gottheit das Gesicht und die offenen *Handflächen*
zu: Das *Gebet* ist unverzichtbarer Bestandteil jeder sakralen

146 *Anmerkungen*

Handlung. Das Dankopfer verrichtet Aeneas *am Herd des Hauses*, in dessen Nähe man sich den Sitz der Penaten dachte (s. Anm. zu 3,12). Danach erfüllt Aeneas den Auftrag der Penaten, Anchises Bericht zu erstatten: *freudig, frohen Herzens* (3,169.178 *laetus*; vgl. die Szene des Aufbruchs 3,189), was in der Terminologie der *Aeneis* unmißverständlich einen weiteren Schritt des Aeneas zur Erfüllung seiner Mission anzeigt: vgl. auch 3,524; 4,295 (G. Binder, *Aeneas und Augustus*, S. 78–80).

180 Anchises übernimmt wieder die Führungsrolle (s. zu 3,102); er erkennt seinen (unvermeidlichen: zur Rolle Cassandras s. 2,246 f.; vgl. VdE Cassandra) früheren Irrtum. Daß Apollo, der letztlich für diesen Irrtum verantwortlich war, *von sich aus* (3,155) die Penaten sandte, zeigt, daß er nicht nur Orakelgott ist, sondern auf der Seite des Aeneas und der Troianer (später: des Augustus und der Römer, vgl. Aen. 8,704 ff.) steht.

201 Von den herausragenden Fähigkeiten des Steuermanns Palinurus wird 3,513–520 und 561–563 berichtet, von seinem tragischen Tod 5,833–871, von der Begegnung des Aeneas mit Palinurus in der Unterwelt 6,337–383 (vgl. VdE).

209 Die vierte Station der Irrfahrten (zu den Namen s. VdE) ist ein von gottgesandter *Plage* heimgesuchtes Land, das nicht zum Bleiben einlädt: vgl. das vom *Frevel gezeichnete* Thrakien 3,60 und die *todbringende Seuche* auf Kreta (dazu kontrastierend die Beschreibung des verheißenen Landes Italien 3,163 f.). Zusammen mit diesen beiden Erlebnissen, dem Charybdis- und dem Cyclopen-Abenteuer vertritt die Begegnung mit den Harpyien (*virginei volucrum vultus* V. 216) das Grausige und Geheimnisvolle der Irrfahrten (daß sie wie die anderen zur quasi-historischen, »römischen« Stimmung des übrigen Buches nicht passe, meint zu Unrecht R. D. Williams, Oxford 1962, zu 3,209 f.). Die Harpyien selbst sind *monstra* (vgl. 3,214 f.), die wie andere Ausgeburten der Hölle »die Allgegenwärtigkeit des Bösen, eines kosmischen Gegenprinzips« in der *Aeneis* verkörpern (vgl. R. F. Glei, *Der Vater der Dinge*, S. 324–329; Zitat S. 328). Zu der bei Vergil eher seltenen Betonung des Gräßlichen, Ekelhaften (vgl. bes. auch 3,227 f.234.244) vgl. M. Fuhrmann, »Die Funktion grausiger und ekelhafter Motive in der lateinischen Dichtung«, in: *Die nicht mehr schönen Künste*, hrsg. von H. R. Jauß, München 1968, S. 23–66 (zur Aeneis bes. S. 37–41).

3. Buch 147

218 In der *Aeneis* zeigen 58 sog. Halbverse den unvollendeten Zustand des Gedichts an; in Buch 3 und 4 sind es die Verse 3,218.316.340.470.527.640.661; 4,44.361.400.503.516. Meistens ist der Sinn der Stelle problemlos zu erfassen, vgl. aber 3,340.

245 Hinter dem sog. Tischprodigium steht die Autorität Iuppiters; Apollo, der Orakelgott, verkündet es nicht selbst, sondern läßt es durch die erregte Celaeno aussprechen (256): Die *»Strafe« für das Blutbad* (das nicht wirklich stattgefunden hat) besteht – nach der Erscheinung der Penaten 3,148 ff. – in einer Bestätigung des Fahrtziels und einer zeitlichen Präzisierung verbunden mit der Voraussage einer Hungersnot. Die (3,394 f. wiederholte, auch dort fast ins Positive gewendete: s. Anm.) Prophezeiung geht nach der Ankunft an der Tibermündung eher scherzhaft in Erfüllung (7,107–134). Anchises ist, wie es dort mißverstanden wurde (7,123–127), nicht Urheber des Tischprodigiums: Er deutet es, präzisiert es und ergänzt es um einen die künftige Situation betreffenden Rat (somit auch hier ganz die ihm während der Irrfahrten zukommende Rolle wahrnehmend: vgl. dazu 3,263–267 und Anm. zu 3,102). Eingehende Analyse bei A. Primmer, »Das Tischprodigium im Rahmen der Aeneis«, in: *Wiener Studien* 108 (1995) S. 397–416; vgl. auch B. Grassmann-Fischer, *Die Prodigien*, S. 39–53 (beide gegen R. Heinze, *Virgils epische Technik*, S. 90 f.).

260 Die Aufforderung an Aeneas, durch eine sakrale Handlung *um Frieden zu flehen*, geht zurück auf den Befehl *Krieg zu führen* (3,235 *bellum . . . gerendum*; vgl. die Begriffe *angreifen/invadere* und *Gefecht/proelia* 3,240): Die Troianer mußten einsehen, gegen die Harpyien – nach römischem Denken – keinen »gerechten Krieg« (*bellum iustum*) geführt zu haben; vgl. R. F. Glei, *Der Vater der Dinge*, S. 146 f.

270 Zur Route s. die Karte S. 218 und VdE. Im Gegensatz zum »vielgewandten, listenreichen, vielduldenden, göttlichen« Odysseus Homers ist der vergilische *Ulixes* (hier in der aus *Ulixei* kontrahierten Genitivform *Ulixi*; vgl. 3,613.691 und *Achilli* 3,87) »gräßlich, ränkevoll«, Inbegriff griechischer Verschlagenheit (vgl. bes. 2,90.164.261.762).

274 Vergil vereinigt die in der Überlieferung getrennten Irrfahrtenstationen Leucas und *Actium* (s. 3,280) zu einem Aufenthalt, obwohl zwischen dem gefürchteten Kap *Leucates* und dem am Eingang zum Golf von Ambrakia gelegenen *Actium* geogra-

phisch mehr als 30 Seemeilen liegen (die Karte S. 218 folgt der *Aeneis*-Geographie). Ebenso verfährt Vergil in der Schildbeschreibung des 8. Buches, wo *Leucates* (8,677) als Ort der Schlacht von *Actium* (675) genannt ist, in die der aktische (nicht leukatische) Apollo (704 *Actius ... Apollo*) zugunsten des Augustus eingreift. Dessen berühmtes, schon bei Thukydides 1,29,3 beschriebenes Heiligtum ließ Augustus zur Erinnerung an den Sieg über Cleopatra und Antonius (2. September 31 v. Chr.) restaurieren und vergrößern. Ohne Zweifel wollte Vergil die Station des Aeneas und den Ort des Seesieges seines Nachfahren Augustus zur Deckung bringen. Dieser Absicht ist vermutlich auch die Erwähnung einer *kleinen Stadt* zuzuschreiben, obwohl Aktion/Actium immer nur Heiligtum, nicht Polis war: Vergils *parva urbs* als mythische Vorläuferin der von Augustus gegründeten Stadt Nikopolis.

278 Die Station Actium ist als einzige »ohne Beziehung auf die leitende Idee« der Irrfahrtenerzählung (R. Heinze, *Virgils epische Technik*, S. 102), sie stellt einen unbeschwerten Ruhepunkt dar, der zur *Feier ilischer Spiele* einlädt. Vom Dichter wird hier ein im Jahr 28 v. Chr. gestifteter musischer und gymnischer Agon in mythische Zeit projiziert (s. auch Anm. zu 3,500). Aus der Perspektive der epischen Handlung bedeutet dies, daß der Aeneasnachfahre Augustus den einst von den Urahnen der Römer gefeierten troianischen Agon »erneuert«. Vgl. G. Binder, *Aeneas und Augustus*, S. 213 f., und *Aitiologische Erzählung*, S. 272 f.

286 Aeneas weiht gerade dort, wo sein Nachfahre Augustus durch einen in der Propaganda hochstilisierten Sieg seine Herrschaft begründen wird, einen ehernen Schild, ein Beutestück aus dem Kampf gegen die Griechen vor Troia. Die Sagentradition weiß von einem solchen Weihegeschenk an mehreren Orten, Vergils *Aeneis* beschränkt es auf Actium.

291 Zur Route s. die Karte S. 218 und VdE.

294 Die Beschreibung des Aufenthalts in *Buthrotum* nimmt den Mittelteil (fast ein Drittel) des Buches ein (3,294–505). Sie gliedert sich ihrerseits in drei Teile: Ankunft und Abschied – zwei etwa gleich lange, stark emotionale Szenen, in deren Mittelpunkt *Andromache* steht – umrahmen die Bitte des Aeneas um Wegweisung und die überwiegend prophetische Antwort des Apollopriesters *Helenus* (3,294–355.356–462.463–505). Dieser

3. Buch 149

war nach dem Untergang Troias zusammen mit *Andro-mache* Sklave des grausamen Achillessohnes *Pyrrhus* (bzw. Neoptolemus: s. VdE; s. 2,526–558) geworden, erbte aber nach dessen Tod einen Teil von dessen Herrschaftsgebiet (s. 3,333), weil er *Pyrrhus* einst geraten hatte, aus Troia auf dem sicheren Landweg nach Hause zurückzukehren. *Helenus* erbaute in *Buthrotum* ein Klein-Troia, ein Phantasialand der Heroenzeit, und lebte dort mit der ihm von *Pyrrhus* »abgetretenen« *Andro-mache* (s. 3,329; deren Verbindung mit *Buthrotum* ist vermutlich eine Konstruktion Vergils).

302 Bedeutsame Begegnungen ereignen sich oft *zufällig*, vgl. die Parallele 8,102–104 *forte ... sollemnem ... honorem ... fere-bat ante urbem in luco*. Im Klein-Troia *Buthrotum* hält auch der Name des Flusses *Simois* die Erinnerung an das unterge-gangene Troia wach (s. die Namen 3,349–351). *Andromache* trauert um *Hector* dementsprechend an einem Kenotaph: Ihre Flucht in die Vergangenheit kann Dido an ihr eigenes Handeln erinnern (s. 4,457–459; vgl. G. S. West, »Andromache and Dido«, in: *American Journal of Philology* 104, 1983, S. 257 bis 267).

316 Halbvers: s. Anm. zu 3,218.

317 *Andromache*, wie die übrigen troianischen Frauen verlost (s. 3,323) und versklavt (das Thema von Euripides' *Troerin-nen*), wurde von ihrem »Besitzer« *Pyrrhus* zur Ehe gezwungen (s. 3,296; vgl. Eur. Troad. 1139 f.). Sie preist die *Priamustochter* Polyxena glücklich, die am Grab des Achilles als dessen Beute-anteil von *Pyrrhus* ermordet wurde (Troad. 622 f.).

330 Der wegen der Rache an Klytämnestra und Ägisth von den Fu-rien getriebene *Orestes* tötete *Pyrrhus/Neoptolemus* nach der Überlieferung im Apollotempel zu Delphi, wo laut Servius ein von *Pyrrhus* gestifteter *Altar* des Achilles bzw. ein *Altar* des *Patrius Apollo* gestanden haben soll: Jedenfalls ist der Racheakt des *Orestes* mit der Ermordung des Priamus durch *Pyrrhus* zu vergleichen (s. Aen. 2,526–558).

334 Das typische hellenistische Aition *Chaonia a Chaone* zeigt Vergils Bestreben, Orte, Heiligtümer, Bräuche und deren Na-men in seine Version der Aeneassage zu integrieren: Von einem Troianer Chaon (nach Servius: Bruder des *Helenus*) weiß die Überlieferung sonst nichts; vgl. ähnlich 3,18.

150 *Anmerkungen*

340 Wohl der einzige Halbvers der *Aeneis* (s. Anm. zu 3,218), dessen Sinn bzw. mögliche Fortführung nicht zu ermitteln ist; schwierig ist die Deutung z. B. von 1,636.

349 Das *Klein-Troia* des *Helenus* (s. auch 3,302 ff. 497 f.) besitzt auch einen *Xanthus* wie das große Vorbild, eine Stadtburg (*Pergamum*) und ein *skäisches Tor*, entsprechend dem berühmten Westtor Troias, das von der *grimmigen Iuno* beim Untergang der Stadt persönlich besetzt gehalten wurde (Aen. 2,612 bis 614).

356 Die hier beginnende Mittelszene (s. zu 3,294) beschreibt *Helenus*, den *Sohn aus Troia* (*Troiugena*, vgl. 550 *Graiugenum*) als einen mit allen Praktiken der »römischen« Religion vertrauten Seher und Priester. Er ist von seiner Gottheit Apollo (359 *Phoebi*, 360 *Clarii*; vgl. Anm. zu 3,73) inspiriert (373, bes. deutlich 433 f.) und kennt daher deren in Orakeln sich äußernden *Willen*, ihr *numen*, d. h. den persönlichen Willensakt der Gottheit und dessen Ausdruck in einer Willensäußerung (s. auch 372). Ferner versteht er sich auf die Deutung der *Gestirne* (Astrologie: 360) und des Vogelflugs (Teil der Auguraldisziplin: 361). Als *Priester* (373) vollzieht *Helenus* das *Stieropfer* (369), angesichts des Opfertiers einen Akt des »staatlichen« Kults, nach den rituellen Vorschriften (*de more* 369, d. h. auch mit bedecktem Haupt, wie er Aeneas wenig später einschärft, vgl. 405 und bes. 545–547) und das dazugehörende Gebet (s. zu 3,176) im priesterlichen Schmuck der *Binden* (s. zu 3,63).

365 Vgl. 3,250–257 und Anm. zu 3,245.

374 Auch in der Rede des *Helenus* dominieren religiöse Momente. Die auch sonst häufige Anrede *Sohn der Göttin* (vgl. die Wiederaufnahme 3,435 und die spätere Apostrophierung des Anchises 474–476) verbürgt bereits den positiven Inhalt der folgenden prophetischen, in vieler Hinsicht mahnenden, warnenden, belehrenden Rede, der längsten dieser Art in der *Aeneis*; s. auch den Stammbaum S. 188. Aeneas erfährt wenig Neues, aber immerhin, daß der Weg zu den verheißenen Wohnsitzen einen »Umweg« über Sizilien einschließt; er erfährt z. B. nicht, daß dort Anchises begraben werden muß und trotz der vollzogenen Opfer für Iuno (435–439) vor die prophezeite Landung in Italien (439–440) Sturm und Schiffbruch im doppelten Sinne der Seefahrt und der Liebe gesetzt sind (es sei denn, man nimmt an, daß Aeneas vor Dido diese Stationen verschwieg).

3. Buch   151

386 *Unterweltsee:* Der heilige Avernersee, bei dem ein Eingang zur
    Unterwelt lag, ist 3,441 f. näher beschrieben; die Handlung des
    6. Buches ist dort angesiedelt. Zu *Aeaea* s. VdE.

389 Die Ankündigung des sog. Sauprodigiums wird am Beginn des
    8. Buches vom Tibergott präzisierend wiederholt (8,42–45);
    unmittelbar danach geht es in Erfüllung (8,81–85). Die dop-
    pelte Ankündigung wird von B. Grassmann-Fischer, *Die Prodi-
    gien,* S. 54–63, als »bewußte Vorbereitung« und »Weiterfüh-
    rung der ersten Weissagung durch die zweite« interpretiert (ge-
    gen R. Heinze, *Virgils epische Technik,* S. 92–95): Diese bezieht
    sich in einem weiteren Sinn auf Latium und die Tibermündung,
    in einem engeren das von Aeneas zu gründende Stadt La-
    vinium (nicht, wie oft vermutet, auf Alba Longa); vgl. auch
    G. Binder, *Aeneas und Augustus,* S. 21–24 (u.a. über die weiter-
    führende Verbindung des Sauprodigiums zum Bild der Wölfin
    mit den Zwillingen und damit zur Gründung Roms: 8,630 bis
    635).

394 Die Wiederaufnahme der Drohung der Harpyie Celaeno
    (3,253–257: s. Anm. zu 3,245) ist ähnlich wie das Sauprodigium
    zu verstehen. *Helenus* versichert (korrigierend), daß die Dro-
    hung den im Fatum zugunsten der Troianer vorgezeichneten
    Plan nicht stören wird *(fata viam invenient* verspricht auch
    Iuppiter im Götterrat 10,113): Ihr Verhältnis zu den Göt-
    tern ist geordnet (über das Fatum s. Anm. zu 3,7). Das er-
    schreckende Tischprodigium (s. 3,365–367) wird in harmloser
    Erfüllung am Tiberufer die Ankunft im verheißenen Land be-
    stätigen (was Vergil hier nicht präzisieren muß).

396 Vgl. die Karte S. 218 und VdE.

403 Die Anweisung des *Helenus* formt zusammen mit ihrer Befol-
    gung (3,543–547) eine »troianische« Begründung (Aition) für
    den römischen Brauch, mit bedecktem Haupt *(capite velato)* zu
    opfern: Zweck der Verhüllung war das Fernhalten jeglicher vi-
    suellen Störung vom Opfernden (als Störung, die ein Abbre-
    chen und Erneuern der Opferhandlung verlangt, gilt allerdings
    nur, was der Opfernde selbst sieht oder hört). Die Ausdehnung
    der kultischen Anweisung auf die *Enkel (nepotes)* eröffnet wie-
    der die historische Perspektive der epischen Erzählung: s. auch
    Anm. zu 3,500 und 543.

410 Vgl. die Karte S. 218 und VdE.

152 *Anmerkungen*

420 Die Beschreibung des *Charybdis*-Abenteuers folgt 3,555 ff.:
Vergil nimmt hier die Beschreibung der *Charybdis* und der
später nicht mehr erwähnten *Scylla* vorweg (s. Anm. zu
3,548.555).

433 Der Nachdruck, womit *Helenus* dem Aeneas *Gebet, Gelübde,
Gaben* für *Iuno* nahelegt, ersetzt kaum den an dieser Stelle der
Prophezeiung fehlenden Hinweis auf Karthago (s. Anm. zu
3,374). Vielmehr erfährt Aeneas hier aus berufenem Mund, daß
der Erfolg seiner Mission nur über Iunos Versöhnung zu errei-
chen ist (vgl. dazu V. Buchheit, *Vergil über die Sendung Roms*,
S. 133–143). Eng verbunden ist die Mahnung des *Helenus* mit
der des Tibergottes 8,59–62 (s. schon Anm. zu 3,389).

443 Die Beschreibung der *Sibylle* (ihr Name erst 3,452) und ihrer
Sprüche kündigt die Ereignisse des 6. Buches an (Vorweg-
nahme, s. Anm. zu 3,420 und 548): Auch ihre Gottheit ist
Apollo. Eine Vorstellung von der Gottbegeisterung, Ekstase
oder Verzückung der *Seherin* (*insanam vatem*) vermittelt Ver-
gil 6,46–51 und 77–80; der Hinweis auf die *kommenden Kriege*
(458 *venturaque bella*) usw. zielt auf den Spruch der Sibylle
6,83–97. Die Aufforderung, die *Sibylle* von *Cumae* zu kon-
sultieren, wirkt ähnlich nachdrucksvoll wie die unmittelbar
vorhergehende Mahnung zur Versöhnung Iunos (s. Anm. zu
3,433). Nur die Begegnung mit der Apollopriesterin öffnet
Aeneas den Weg zur Zukunftsschau in der Unterwelt.

462 »Wir finden . . . im Zentrum des 3. Buches zahlreiche typologi-
sche Bezüge auf Augustus, der in allen öffentlichen Bereichen
als Fortsetzer und Vollender der Mission des Aeneas erscheint«
(R. F. Glei, *Der Vater der Dinge*, S. 148). *Helenus'* Rede gipfelt
in der Mahnung, gehorsam den Weg zu beschreiten, der – mit
Unterstützung der Götter, besonders des Apollo – auf das
Weltreich seines Nachfahren Augustus zuläuft: vgl. die Iuppi-
ter-Rede 1,286–290; die Weisung der Penaten 3,158–160; das
Augustusbild der sog. Heldenschau 6,791–805; das Schlußbild
der Schildbeschreibung 8,714–731 (G. Binder, *Aeneas und
Augustus*, S. 270–282).

470 Halbvers: s. Anm. zu 3,218.

472 Gegenüber der Ankunft vollzieht sich der Abschied von *Bu-
throtum* mit einer gewichtigen Ausnahme in umgekehrter Rei-
henfolge: *Helenus* läßt *Geschenke* zu den Schiffen der Troianer
bringen, auch für *Anchises*, und verabschiedet sich zunächst

3. Buch

153

von ihm in Worten, die dessen Rolle in der gesamten epischen Handlung beschreiben (475–480; *zweimal ... entrissen* 476 spielt auf die Zerstörung Troias durch Hercules nach dem Betrug des Laomedon an, vgl. L. 2,641–643).. Erneut wird die troia-(und rom-)freundliche Haltung Apollos unterstrichen (474.479). Es folgt *Andromaches* Abschied (482–491), danach aber noch ein Schlußwort des Aeneas (492–504). Entscheidend für die Deutung der Abschiedsszene insgesamt ist die Abfolge:

462 auf Rom bezogener Auftrag für Aeneas
475 Venus und Anchises, dessen zweimalige Rettung
480 der untadelige Sohn Aeneas
489 Andromache vergleicht Ascanius mit Astyanax
505 Aeneas prophezeit die Partnerschaft Roms mit Nikopolis, der Gründung des Augustus

Apollo, der Gott des *Helenus*, der Aeneaden und des Augustus, bildet die Klammer: Vergils Komposition dieses Abschieds läßt die auf der Dardaner- und Iulier-Genealogie ruhende ideologische Gesamtkonstruktion der *Aeneis* durchscheinen (vgl. den Stammbaum S. 188 f.).

482 *Astyanax* wurde nach der Zerstörung Troias von den Griechen (Pyrrhus/Neoptolemus? Odysseus?) von der Mauer gestürzt, damit seinem Vater Hector kein Rächer heranwachse (zu seinem Tod vgl. bes. Eur. Troad. 709–779.1133–1250). *Andromache* lenkt ihre Liebe nunmehr auf *Ascanius*, in ihren Augen das ganze Abbild des *Astyanax*. Obgleich sie selbst dem untergegangenen Troia verhaftet ist (s. Anm. zu 3,302), erscheint in ihren Worten *Ascanius* als der Hoffnungsträger für ein neues Troia: Der Sohn des Aeneas wird zum Bindeglied zwischen Troia-Nostalgie und Rom-Orientierung.

497 Klein-Troia: s. Anm. zu 3,302 und 349.

500 Den Brückenschlag zwischen Klein-Troia und Neu-Troia vollzieht Aeneas in seinen letzten Worten: Es wird eines Tages eine Partnerschaft der beiden Regionen und Städte geben, vorausgesetzt, Aeneas erreicht Latium und darf die seinem *Volk bestimmten Mauern* erbauen. Das Stichwort *Enkel* (*nepotes* 505; s. Anm. zu 3,154) verweist den Leser allerdings auf die Geschichte: Schon im spätantiken Kommentar des Servius (zu Aen. 3,501) wird angemerkt, die Worte des Aeneas seien *in honorem Augusti* zu verstehen, d.h., man habe in den *verwandten*

154 *Anmerkungen*

Städten Rom und die von Augustus nach dem Sieg bei Actium gegründete Stadt Nikopolis zu sehen, einen Zusammenschluß aus neun Nachbargemeinden, dem Augustus einen ähnlichen Sonderstatus gab, wie ihn das historische Ilion/Ilium (Troia) genoß. Wir finden hier demnach eine Prophezeiung *ex eventu* vor, die augusteische Verhältnisse in die Vergangenheit der Sage projiziert (ähnlich den am *Gestade von Actium* abgehaltenen *ilischen Spielen*: s. Anm. zu 3,278). Vgl. bes. V. Buchheit, *Vergil über die Sendung Roms*, S. 155–159; auch G. Binder, *Aitiologische Erzählung*, S. 273–275.

506 Vgl. die Karte S. 218 und VdE; für *Palinurus* auch Anm. zu 3,201. Vers 516 findet sich bereits 1,744 im sog. Lied des Iopas.

521 Das Land der Verheißung ist erreicht: Eingeleitet durch einen Vers mit formelhaften Elementen und eine präzise Wiedergabe des Eindrucks, den das Land auf den Betrachter bei Annäherung von See in der Morgendämmerung macht, strebt der Text auf die dreifache Anapher *Italien* (*Italiam*, mit bemerkenswerter Elision und Überbrückung der Zäsur in 523) zu. Der Begriff *Jubelgeschrei* (lat. *laeto ... clamore* 524) verstärkt die Vorstellung, daß eine bedeutende Etappe auf dem im Fatum vorgezeichneten Weg der Aeneaden endet (s. Anm. zu 3,176).

525 Die durch V. 521 ff. hervorgerufene Stimmung setzt sich fort im Bild des *Vaters Anchises*, der seiner Rolle entsprechend (s. Anm. zu 3,102) gerade hier wieder in die Handlung eingreift (wie etwa nach der Penatenerscheinung, s. Anm. zu 3,176.180) mit Gebet und Opfer. Insbesondere sein Posten *hoch auf dem Heck* (*celsa in puppi* 527) ist von Bedeutung; denn immer dann, wenn eine Entscheidung zugunsten Roms fällt, befinden sich *Anchises* oder Aeneas oder Augustus *hoch auf dem Heck* ihrer Schiffe (vgl. 4,554 Aeneas, vor der die Abfahrt aus Karthago einleitenden Erscheinung des Mercurius; 8,115 Aeneas, bei der Landung am Tiberufer in Pallanteum/Rom; 8,680 Augustus, bei der Abfahrt zur Entscheidungsschlacht von Actium; 10,261 Aeneas, vor Beginn der letzten Kämpfe in Latium): Diese Stellen sind typologisch aufeinander zu beziehen. – Auf dem falschen Verständnis des Verbs in der homerischen Wendung »sie füllten bis zum Rand den Mischkrug mit Trank« (vgl. Il. 1,470; Od. 1,148) beruht Vergils Bild des einen *großen Mischkrug bekränzenden Anchises* (wie auch 1,724 und 7,147).

3. Buch   155

531 *Burg der Minerva:* das sog. Castrum Minervae in Calabrien,
etwa auf halber Höhe zwischen Hydruntum (heute Otranto)
und dem Sallentinum (bzw. Iapygium) Promunturium bei
Leuca (heute Cap S. Maria di Leuca): von Epirus/Makedonien
aus nächstgelegener Punkt auf dem italischen Festland.

537 *Anchises* kommt die Aufgabe zu (s. Anm. zu 3,525), die beim
ersten Betreten italischen Bodens gesichteten vier weißen
Pferde als *Omen* zu erkennen und dieses zu deuten (vgl.
W. Kühn, *Götterszenen*, S. 55–58). Das Bild und seine Deu-
tung auf *Krieg* und *Frieden* konnte der römische Leser nur auf
die Triumphfeier zur Beendigung eines erfolgreichen Feldzuges
verstehen: Die Schimmelquadriga (für Caesar 46 v. Chr. noch
eigens beschlossen, seit Augustus 29 v. Chr. wohl üblich) durfte
nur der in einem »gerechten Krieg« (*bellum iustum*) siegreiche
Inhaber eines offiziellen Kommandos (*imperium*) besteigen.
Das *erste* von den Troianern geschaute *Omen* signalisiert die
Vorstellung der *Pax Romana* und läßt die *kommenden Kriege*
(3,458 *venturaque bella*) des Aeneas als »gerechte« im Sinne
römischen Machtdenkens erscheinen. Vgl. R. F. Glei, *Der Vater
der Dinge*, S. 281–283; zum dreifachen Triumph des Augustus
auch G. Binder, *Aeneas und Augustus*, S. 258–270.

543 Nach einem Gebet zur Ortsgöttin *Pallas* Athene (= *Minerva*
531; das Beiwort *waffentönend* ist von Vergil vielleicht in An-
klang an die volkstümliche Deutung von *Pallas* als »Speer-
schwingende« geprägt) vollziehen die Troianer das von *Hele-
nus* nachdrücklich geforderte Opfer für *Iuno von Argos*, also
die *Iuno* der Griechen, deren Land man betritt (vgl. 3,398). Das
Opfer wird nach dem (römischen) Ritus mit *verhülltem Haupt*
(*capite velato*) dargebracht (s. schon Anm. zu 3,403), einem ur-
sprünglich vielleicht etruskischen, jedoch keinesfalls troiani-
schen Opferbrauch. Zweifellos hat aber für Vergil die aitiologi-
sche Verbindung eines Brauches mit *seiner* Aeneassage Vorrang
vor anderen Herleitungen: Aeneas und seine Troianer beachten
ein später in Rom übliches Element des Opferritus und stehen
somit am Anfang einer religiösen Tradition Roms (3,409). Vgl.
G. Binder, *Aitiologische Erzählung*, S. 275 f. (dort auch zur au-
gusteischen Komponente und den Reliefs der Ara Pacis Augu-
stae).

548 Die Verse Aen. 3,548–569 enthalten das (Scylla-)*Charybdis*-
Abenteuer der Aeneaden. Die Szene ist (bis in den Wortlaut)

156 *Anmerkungen*

stark von *Odyssee* 12,201–259.426–446 geprägt, weist aber auch entschiedene Abweichungen vom Vorbild auf: Von Einzelheiten in der Abfolge der Irrfahrten abgesehen, gehören zu letzteren die Reduzierung auf *eine* Begegnung (s. aber 3,684 bis 686) und die für Vergil typische Verdichtung des Stoffes auf wenige Verse. Strukturell gleich ist die Verlagerung der Beschreibung der Monstren in die prophetische Rede des Apollo-Priesters Helenus (3,420–432), dessen Rolle in der *Odyssee* der göttlichen Zauberin Kirke zufällt (Od. 12,73–110). Anders auch als bei Homer verlangt die epische Handlung der *Aeneis* den »Umweg« der Aeneaden über Sizilien: Nur so kann vor einer Landung in Süditalien (Cumae) der im Fatum vorgezeichnete Plan eingehalten werden (Tod des Anchises, Seesturm, Landung in Karthago, Dido und Aeneas, Rückkehr nach Sizilien), aus dem auch eine politische Dimension des Epos hervorgeht (1. Punischer Krieg, geführt um die seit Urzeiten von »Troianern« besiedelte Insel). Auffallende Charakteristika der Szene sind zudem: die sorgsame Zeichnung des Atmosphärischen (durch Wortwahl, Versgestaltung, rhetorische Mittel) und die wiederholte Verklammerung mit der Helenus-Prophezeiung 3,374–462 (V. 548 → 437 ff.; 559 → 420 ff.; 562 f. → 412 f.; 566 f. → 421 ff.).

551 Die hier genannten Namen decken eine Entfernung von etwa 300 km ab (s. die Karte S. 218): Im Mund des Aeneas handelt es sich um Anachronismen, was Servius zur vergleichbaren Stelle 3,692 ff. (Komm. zu 3,703) tadelt (vgl. auch 3,399). Zu beachten ist Vergils »auktoriale« Einschränkung: *wenn die Sage stimmt.*

555 Gleitender Übergang: Auf optische Eindrücke in der Ferne folgen akustische aus der Nähe. – Im Augenblick höchster Gefahr ist es *Anchises*, der sich der warnenden Worte des Priesters Helenus entsinnt und den Befehl an die Mannschaft erteilt (zu seiner Rolle s. Anm. zu 3,102); der erfahrene und umsichtige (s. 3,201 f.512–520) Steuermann *Palinurus* übernimmt das Kommando. Die Beschreibung des Meeresphänomens erinnert an Aen. 1,102 ff. (Seesturm) und Ovids Adaption beider Stellen in den *Tristien* (1,2,19 ff.), seine Dreimaligkeit nimmt Bezug auf 3,421 (zur Dreizahl s. Anm. zu 3,37).

568 Das Schlüsselwort *Erschöpfte* (s. Anm. zu 3,78) leitet zu einer Ruhephase über (wie 3,276): Während Odysseus nach der Ret-

3. Buch 157

tung aus Scylla und *Charybdis* nach Sizilien, der »Insel des He-
lios«, gelangt, gleiten die Schiffe des Aeneas an die *Küste der
Cyclopen*, um ein Abenteuer zu bestehen, das Odysseus schon
hinter sich hat.

570 Den *Hafen* hat man sich etwa auf der Höhe von Catina/Katane
(der vielfach von Ätna-Ausbrüchen betroffenen Hafenstadt
Catania) am Südfuß des *Aetna* vorzustellen (vgl. die Karte
S. 221).

588 Ein typisch vergilisches Bild des Tagesanbruchs. Im Gegensatz
zum homerischen Epos mit seinen formelhaften Versen (»Als
die dämmernde Frühe mit Rosenfingern erwachte . . .«: Od. 2,1
u. ö.) variiert Vergil seine Umschreibungen der Tageszeiten, vgl.
z. B. 4,6.129.

590 Die hier beginnende, bis 3,654 reichende Erzählung von der
Begegnung mit dem Griechen *Achaemenides* (der Name zuerst
614), einem zurückgelassenen Gefährten des Ulixes (vgl. 613
bis 618), ist vermutlich als vergilische Zutat zur Aeneassage zu
sehen; sie wird unterschiedlich beurteilt. R. D. Williams (Ox-
ford 1962, Komm. zu 4,588 f.) hebt negativ gewisse Zeichen
der Unfertigkeit hervor (die jedoch über 3,654 hinausreichen:
Halbverse, schwer verständliche Verse) und die augenscheinli-
che Ähnlichkeit mit dem Auftreten des verräterischen Griechen
Sinon, das den Anfang vom Ende Troias markiert (2,57–198);
er zieht daraus den Schluß, Vergil habe bei Abfassung von
Buch 2 die *Achaemenides*-Szene als »Steinbruch benutzt in der
Absicht, sie später umzuarbeiten oder zu beseitigen«. Es ist
zweifellos richtig, daß Vergil in dieser Szene die beiden »Irrfah-
rer« Odysseus und Aeneas in einmalig enge Beziehung bringt;
auch wird die bisher so stark »Rom-orientierte« Irrfahrten-
erzählung hier (endlich) stärker homerisch. R. Heinze, *Virgils
epische Technik*, S. 112 f., meint dagegen zu Recht, daß Vergil
»die Ähnlichkeit mit der Sinonszene . . . eher betont als ver-
hüllt«, und hebt das dankbare Erbarmen der Troianer hervor
(s. Anm. zu 3,607). Zu beachten ist generell die Stellung der
beiden Szenen innerhalb der *Aeneis* kurz nach dem Anfang
und kurz vor dem Ende der Erzählung des Aeneas vor Dido;
ferner der Umstand, daß der »lügnerische« Grieche Sinon auf
den das »meineidige« und zum Untergang verurteilte Troia re-
präsentierenden Priamus trifft, der »ehrliche« Grieche *Achae-
menides* hingegen auf Aeneas und seine Leute, die ein neues,

158 *Anmerkungen*

von der Vergangenheit unbelastetes (später auch die griechische
Welt einschließendes) Troia anstreben. Auch sind die Situatio-
nen sehr verschieden: Sinon belügt die sich von der Griechen-
gefahr befreit wähnenden Troianer, *Achaemenides* ist selbst in
Gefahr und klärt die Aeneaden aus Erfahrung über die Grau-
samkeit des Cyclopen auf.

607 Weitere Einzelheiten unterstreichen die andersartige Funktion
der *Achaemenides*-Szene: *Anchises* (wieder in seiner typischen
Rolle: s. zu 3,102) zögert nicht, dem jungen Griechen die
Rechte zu reichen (*dextram ... dat* 610 f.), eine – wie immer in
der *Aeneis* – untrügliche Vertrauensgeste (*pignus* 611 bedeutet
»Pfand, Garantie, Beweis«); vgl. Anm. zu 3,80. Damit knüpft
Anchises an die Zeit vor dem Troianischen Krieg an und über-
brückt die zwischen Griechen und Troianern entstandene Kluft
des Mißtrauens, ein Verhalten, das für Priamus gegenüber Si-
non trotz des gezeigten Mitleids undenkbar wäre. R. F. Glei,
Der Vater der Dinge, S. 149 f., betont stärker den *clementia*-
Aspekt und verbindet diesen mit der cäsarisch(-augusteisch)en
»*clementia*-Ideologie«.

613 Vor dem Hintergrund dieser Ermutigung kann *Achaemenides*
seine »Geschichte« als Mitbürger und *Begleiter des Ulixes* er-
zählen und in ihr den »grausamen« *Ulixes* (s. Anm. zu 3,270)
als *unglücklich* bezeichnen: *unglücklich* wegen Poseidons Zorn
und der zehnjährigen Irrfahrt, wegen der ihm auferlegten
Prüfungen und Entbehrungen, wegen der erduldeten Strapazen
(vgl. die Wiederholung 3,691). Der Bericht des Augenzeu-
gen *Achaemenides* (3,616–654) ersetzt eine unmittelbare Be-
gegnung der Aeneaden mit Polyphemus, die neben der beein-
druckenden Erzählung der *Odyssee* (9,216–479) wohl nur
schwer hätte bestehen können.

639 *Achaemenides* ergänzt das *Odyssee*-Abenteuer um das eigene
Cyclopen-Erlebnis nach der Trennung von den Gefährten, ein-
gefaßt durch die Mahnung zur Flucht (639 f.: zum Halbvers
s. Anm. zu 3,218) und die auf 3,604–606 zurückgreifende, fata-
listisch klingende Selbstauslieferung (die an die Worte des
Sinon 2,69–72, auch 2,102–104 erinnert).

655 Mit dem Ende der *Achaemenides*-Rede ist Vergil an dem Punkt
der Darstellung angelangt, der ihm die Einfügung eines kleinen
nicht-homerischen *Cyclopen*-Erlebnisses seines Helden ermög-

3. Buch 159

licht: den (für Vergils *Aeneis* typischen) Bericht einer Flucht
(s. Troia, Karthago).

677 Das vergilische *Cyclopen*-Abenteuer endet zunächst in einem
epischen Gleichnis, einem von gut 100 Gleichnissen der *Aeneis*,
dem einzigen in Buch 3 (dazu R. Rieks, *Die Gleichnisse Vergils*,
S. 1014; für die Gleichnisse in Buch 4 s. Anm. zu 4,69). Das
Volk der Cyclopen, die Brüder vom Aetna werden mit riesigen
Bäumen *auf ragendem Gipfel* verglichen. Das Gleichnis steht
dem nur die Erscheinung des Polyphem ausmalenden in Od.
9,190 bis 192 nahe (»war er doch als ein riesenhaftes Wunder
geschaffen und glich nicht einem brotessenden Mann, sondern
einer bewaldeten Kuppe hoher Berge, die sichtbar ist gesondert
von andern«); die beiden anderen, auf die Ausbohrung des
Cyclopenauges bezogenen Gleichnisse der *Odyssee* (9,382 bis
388.389–394) hätte Vergil in die Erzählung des *Achaemenides*
einfügen müssen (3,637 nur der epische Vergleich des *Auges*
mit *einem argolischen Schild oder der Fackel des Phoebus*).
R. Rieks, S. 1073, betont zum Gleichnis der Bäume »den un-
überbrückbaren Abstand zwischen homerisch-odysseeischer
und vergilischer Welt« und »die völlige Abstinenz seines Hel-
den gegenüber dem Abenteuer. Für Odysseus waren zauberi-
sche Verlockungen und schwere Leiden unlöslich miteinander
verknüpft, Aeneas' Fahrt verläuft in anderen Etappen, nach
einem strengeren Plan; die Stationen des Odysseus passiert er
wie befremdliche Kulissen, wovon gerade das Gleichnis der
entfernten Baumgruppe einen deutlichen Eindruck gibt.«

682 Zur Route bis Drepanum (3,684–708) vgl. die Sizilien-Karte
S. 221, und VdE.

691 *des unglückseligen Ulixes:* s. Anm. zu 3,613.

694 Die Verwandlungs*sage* von *Alpheus* und *Arethusa* (s. VdE) er-
zählt ausführlich Ovid in den *Metamorphosen* (5,572–641).
Vergil ruft die Nymphe *Arethusa* zu Beginn seiner 10. Ekloge
um Beistand an mit dem Versprechen: »dafür soll dir, wenn tief
unter den sizilischen Fluten du dahingleitest, die bittere (Mee-
resgöttin) Doris ihre Woge nicht beimengen« (Ecl. 10,4 f. *sic
tibi, cum fluctus subterlabere Sicanos, / Doris amara suam non
intermisceat undam*). Cicero beschreibt die Quelle mit den
Worten: »Am Ende der Insel befindet sich eine Süßwasser-
quelle; sie heißt Arethusa, ist unglaublich groß und überreich
an Fischen; sie würde ganz und gar überflutet, wenn sie nicht

160 *Anmerkungen*

durch einen schützenden Steinwall vom Meer geschieden wäre« (Verr. II 4,118 *in hac insula extrema est fons aquae dulcis, cui nomen Arethusa est, incredibili magnitudine, plenissimus piscium, qui fluctu totus operiretur nisi munitione ac mole lapidum diiunctus esset a mari*).

697 *Die Gottheiten des Ortes* sind die Quellnymphe *Arethusa* und der Flußgott *Alpheus*. Gebete und Opfer nach dem Abschied von Buthrotum wurden entweder im Auftrag des Helenus vollzogen, in dessen Rede 3,374 ff. ein entsprechender Hinweis jedoch fehlt, oder auf Geheiß des Anchises.

700 Die Bewohner von *Camerina* legten wegen einer Seuche einst das vorgelagerte Marschland trocken, obwohl ein Orakel ihnen dies untersagt hatte. Folge davon war die Zerstörung der Stadt, da sich der Feind von See aus über das trockengelegte Gelände nähern konnte (Servius im Komm. zu 3,701, wo erneut der Anachronismus beanstandet wird).

707 Dem hier nur knapp berichteten Tod des Anchises ist der erste Teil des 5. Buches gewidmet. Noch einmal fällt das Schlüsselwort der Irrfahrtenerzählung: *erschöpft* (s. Anm. zu 3,78). Die Apostrophierung *umsonst so großen Gefahren entrissen* (711) wird anläßlich der Totenfeier am Grab des Anchises ähnlich wiederholt (5,80 f. *Heil euch, des umsonst geretteten Vaters Asche* usw.).

715 Iuno entfesselte mit Hilfe des Aeolus den Seesturm: Damit ist der Anschluß an die epische Erzählung des 1. Buches hergestellt (Seesturm: 1,50–156).

4. Buch

Vergil hat auch das Ende des Aeneas-Berichts eng mit dem Beginn des Dido-Buches verklammert: Aeneas berichtete vor einem größeren, angestrengt zuhörenden Publikum; er findet – entspannt, nachdem er die Erzählung der vom Fatum bestimmten Ereignisse beendet hat – Ruhe. Dido hingegen erscheint einsam in ihrem Leid, in höchster innerer Spannung, und kann nicht zur Ruhe gelangen (s. auch Anm. zu 4,522).

4. Buch   161

6 *Aurora*, die Göttin der Morgenröte, bringt den Tag mit *der Fak-kel des Phoebus*, der Sonne; vgl. ähnlich 4,118 f. Zu Vergils variierenden Bildern des Tagesanbruchs s. Anm. zu 3,588; vgl. aber 4,129 (= 11,1).

9 *Anna*, Didos Schwester, wird hier zum ersten Mal genannt; sie begleitet das ganze Dido-»Drama«: Dido wendet sich in entscheidenden Situationen vertrauensvoll, aber auch schlau an die Schwester, erbittet ihren Rat und ihre Hilfe; am Ende ist *Anna* tief enttäuscht, von Dido in den Suizidbeschluß nicht eingeweiht, ja sogar zu dessen Ausführung mißbraucht worden zu sein; vgl. 4,492–503.672–692.

18 *Hochzeit und ihre Fackeln:* Im lat. Original stehen »Hochzeitsgemach« und »Fackeln« (*thalami taedaeque*), zwei gleichwertige Bilder für »Ehe« (vgl. 4,339.550), die aus der römischen Zeremonie herrühren, die Braut nach Opfer und Gebet an die Ehegottheiten im Licht glückverheißender Weißdornfackeln zum Haus des Bräutigams zu geleiten.

20 *nach dem Tod des ... Sychaeus:* im lat. Original *post fata Sychaei:* s. Anm. zu 3,7 (*Fatum*). Die Geschichte des *Sychaeus*, seine Ermordung durch den Schwager Pygmalion, Didos Flucht und Landnahme in Karthago berichtet die »Jägerin« Venus dem Aeneas 1,340–370.

25 *der allgewaltige Vater mit seinem Blitzstrahl:* Iuppiter ist *pater omnipotens* als Vater der Götter und Menschen, der das *Fatum* in Händen hält und zum Ziel bringt. Als Gott des *Blitzes* (im Rahmen seiner Funktionen als Herr der Natur, s. auch Anm. zu 3,116; vgl. 4,208 f.) wird er unter dem Namen Iuppiter Fulgur verehrt; in der Mythologie ist der *Blitz* sein ständiges Attribut.

27 *Pudor* – Schamgefühl, Keuschheit, Anstand – kann mit *pudicitia* gleichgesetzt werden, die als personifizierte Keuschheit und Sittsamkeit seit republikanischer Zeit in Rom von Frauen verehrt wurde, die nur einmal verheiratet waren (die *matronae univirae*).

31 Die hier beginnende Rede der *Anna* weist drei Linien der Argumentation auf: Dido möge ihr persönliches Glück (32–38), die Gefährdung Karthagos von außen (38–44), die machtpolitische Chance (45–49) bedenken. Wenn wir die wenigen Fragmente aus dem Epos *Bellum Punicum* des Naevius, dem Vergil in vieler Hinsicht verpflichtet ist, richtig deuten, stand dort die Vision

162   *Anmerkungen*

einer punisch-troianischen Weltmacht im Vordergrund; vgl.
V. Buchheit, *Vergil über die Sendung Roms*, bes. S. 50–53; auch
G. Binder, *Vom Mythos zur Ideologie*, S. 138 f. 144 f.

36 *Iarbas* (s. VdE) war der hartnäckigste Freier, und Didos Ableh-
nung hat ihn tief getroffen; vgl. besonders seinen leidenschaftli-
chen Anruf Iuppiters 4,198–218, auch 325 f. Anna wählt das
richtige Argument; denn Dido selbst hatte bei der ersten Begeg-
nung mit den Troianern auf die Gefährdung ihrer noch jungen
Herrschaft hingewiesen (1,562 ff.). Die Gebiete der nordafrika-
nischen Stämme der *Gaetuler* und *Numider* lagen südlich und
westlich von Karthago. Die *unwirtliche Syrte* bezeichnet das an
Karthago im Osten angrenzende Gebiet der Cyrenaica, das heu-
tige Libyen. *Barcaeer* (s. VdE) sind die Einwohner der Stadt
Barce/Barke in der Cyrenaica. – Mit der rhetorischen Figur der
Praeteritio »übergeht« Anna nur scheinbar die von Pygmalion
ausgehende Gefahr (vgl. Anm. zu 4,20).

44 Zu den sog. Halbversen der *Aeneis* s. Anm. zu 3,218.

45 Anna weiß nicht, daß *Iuno* auf der Ebene der Götter die
entschiedenste Feindin der nach Italien weisenden Mission des
Aeneas ist: »her words are full of tragic irony« (R. G. Austin,
Komm. zur Stelle); vgl. auch Anm. zu 4,31. Ihr Rat, den Aufent-
halt der Troianer über den stürmischen Winter hin auszudeh-
nen, kehrt wieder als Vorwurf der verletzten und Bitte der
verzweifelt hoffenden Dido 4,309 f. 429 f.

54 Dido folgt Annas Rat: Sie ist bereit, die eben erst geäußerten,
aus ihrem *Schamgefühl* herrührenden Bedenken aufzugeben
(s. 4,27 mit Anm.) und die Götter um Billigung ihres Verhaltens
zu bitten (*um Frieden zu bitten*: 56 f. *pacem . . . exquirunt*; vgl.
ähnlich 3,370). Das Opfer gilt »römischen« Gottheiten: der
Normen, *Satzung stiftenden Ceres*, der »Mutter des Rechts« (*le-
gifera Ceres* = Demeter thesmophoros), dem *Phoebus* Apollo,
dem »Sorgenlöser« *Bacchus* (vgl. 1,686) und *Iuno*, der Haupt-
göttin Karthagos sowie Stifterin und Schützerin der Ehe (s. auch
4,99 f., bes. 166 *pronuba Iuno*). Da nach altrömischem Ritus
weiblichen Gottheiten weibliche, Himmelsgottheiten meist
weiße Tiere geopfert wurden (s. auch Anm. zu 3,116), Iuppiter
und Iuno bevorzugt weiße Rinder, gilt das 4,61 beschriebene
Opfer wohl – dem Ort und dem Anlaß entsprechend – speziell
Iuno. Die 4,63 f. angedeutete sog. *Eingeweideschau* (Haruspi-
zin) ist als Element des etruskischen Kultes bekannt: In Rom

wurde sie nur in seltenen Notfällen und auch dann nur von dazu ausgebildeten etruskischen Priestern vorgenommen. Daß Dido diesen Ritus überhaupt und obendrein persönlich vollzieht, mußte auf römische Leser befremdlich wirken.

65 Vergils (auktoriale) Bemerkung kommentiert Didos Zustand von einem außerhalb der epischen Handlung liegenden Standpunkt aus und bereitet damit das nachfolgende Gleichnis vor: Die Diagnose findet sich bereits in den beiden ersten Versen des Buches (bes. Wunde, Feuer, hier: *Wunde, Flamme*), hinzu tritt nun das jegliche Rationalität ausschließende Moment des Rasens (4,65.70, auch 78; später 4,283.298.300–303) der »hoffnungslos« liebenden Dido, das Ausdruck findet in einem ziellosen Umherstreifen der Königin. Wie schon Aen. 1,712.749 deutet das Beiwort *unglücklich* (*infelix*: s. auch 4,450.529.596 und Anm. zu 3,49) auf das tragische Ende voraus.

69 Hier beginnt nach der Schilderung des Sachverhalts (65–69a) die des vergleichbaren Sachverhalts oder der Wie-Teil des Gleichnisses (V. 69b–73). All die vorher genannten Merkmale fließen in dieses erste von acht Gleichnissen des 4. Buches ein (Buch 3 hat nur ein Gleichnis: s. Anm. zu 3,677; zu den Gleichnissen in Buch 4 und ihrer Anordnung s. R. Rieks, *Die Gleichnisse Vergils*, S. 1073 f., und Anm. zu 4,667). Der engere Vergleichspunkt ist die *Wunde*, doch reicht die Funktion wie in nahezu allen vergilischen Gleichnissen weit über diese Veranschaulichung hinaus: Zur rastlosen Unruhe tritt das Moment der Ahnungslosigkeit (auch beim *jagenden Hirten* V. 72) und Ungeschütztheit, das Gleichnis beleuchtet Didos seelische Verfassung und deutet auf ihr Ende, in einer weiteren (historischen) Perspektive auf Karthagos Untergang voraus. Vgl. Anm. zu 4,548 sowie B. Otis, *Virgil*, S. 71–75; V. Pöschl, *Die Dichtkunst Virgils*, S. 103–106.

80 Das Bild der Nacht findet sich z. T. wörtlich am Anfang des 2. Buches in den Worten des Aeneas: Dort will Dido in angeregter Atmosphäre von den Schicksalen der Troianer hören und die Nacht verlängern, hier ist sie einsam und kann keinen Schlaf finden.

86 Mit Staunen hatte Aeneas bei seiner Ankunft in Karthago die gewaltigen Anstrengungen der Bewohner und die energische Leitung ihrer Königin beim Bau der Stadt gesehen (Aen. 1,421 bis 440, auch 503–508, jeweils mit Gleichnissen verbunden); auch 4,74 f. findet sich davon noch eine Andeutung. Die liebes-

164 *Anmerkungen*

kranke Dido vernachlässigt ihre königlichen Pflichten. – *machina* (V. 89), hier mit *Baugerüst* wiedergegeben, wird öfters auch mit »Baukran« übersetzt, was jedoch nicht in den Kontext der Beschreibung paßt. Eher könnte man an die weitergehende Übersetzung »Mauerwerk« denken (wie in Valerius Flaccus, *Argonautica* 6,383: *machina muri*) und nach dem spätantiken Kommentar des Servius formulieren: *gewaltige Zinnen und in den Himmel ragendes Gemäuer.*

90 Es ist Iunos Absicht, einen Erfolg der nach Rom weisenden Mission des Aeneas zu verhindern. Iuppiter hatte unmittelbar nach dem Seesturm, der die Aeneaden an die karthagische Küste verschlagen hatte, durch Mercurius die Punier und besonders Dido gastfreundlich stimmen lassen (1,297–304), und Venus selbst hatte durch Cupido die *Krankheit* der Liebe auf die wehrlose Dido übertragen (1,667–722; vgl. *pestis* 1,712 und 4,90). Nur weil sie durch Iuppiter den Inhalt des Fatums kennt (1,257–296), kann sie in Iunos eigennützigen Plan einwilligen (4,105–114.127 f.), um später über sie zu triumphieren (vgl. W. Kühn, *Götterszenen*, S. 58–64). Dido wird von beiden Göttinnen für ihre Pläne instrumentalisiert.

93 Spott und Ironie in Iunos Rede sind am lat. Wortlaut leichter nachzuvollziehen: *puer* steht verächtlich für »Sohn« (etwa: »Jüngelchen«, »Bürschchen«); schon mit *egregiam laudem* wird – in ironischer Überzeichnung – auf den Lohn des siegreichen Feldherrn angespielt, das Bild dann durch die militärische Metapher *spolia ampla* interpretiert. Dies spricht dafür, daß *magnum et memorabile numen* nicht Apposition zu *tuque puerque tuus* ist, sondern Vordersatz zu dem folgenden Bedingungssatz: In ihm wird mit *dolo divum* auf das gemeine Ausnützen einer Überlegenheit göttlicher Mächte gegenüber der Anfälligkeit einer liebenden *femina* hingewiesen und mit *victa est* die Kriegsmetapher wieder aufgenommen (zur Thematik generell s. R. F. Glei, *Der Vater der Dinge*).

99 Mit dem Begriff *eheliches Bündnis* wird ein späterer Dissens erstmalig angesprochen: lat. *hymenaeus* – ursprünglich der Hochzeitsgott und das Hochzeitslied – bezeichnet die Hochzeit; s. auch 4,126 f.316, jeweils in der Verbindung mit *Ehe* (*conubium*). Dido und mit ihr die *ehestiftende Iuno* (s. Anm. zu 4,166) halten die später in der Höhle vollzogene Verbindung für eine reguläre Ehe (vgl. auch 4,316.324.496; der 4,172.431 ver-

4. Buch 165

wendete Begriff *coniugium* ist etwa gleichbedeutend mit dem juristischen Terminus *conubium*), Aeneas und mit ihm Venus verneinen dies (vgl. 4,338 f.).

103 Auch die *Machtbefugnisse* führen wieder in die militärische Sphäre: Nur der mit einem Kommando (*imperium*) ausgestattete Amtsträger hatte das Recht zur Einholung von Vorzeichen durch *auspicia* (Vogelschau); *auspicium* kann daher anstelle von oder neben *imperium* die uneingeschränkte *Machtbefugnis* bezeichnen (vgl. auch 4,341).

105 Iuno arbeitet gegen den im Fatum verankerten Auftrag des Venussohnes Aeneas, dessen Erfüllung die *Mauern der hochragenden Roma* (1,7 *altae moenia Romae*) sind. Venus weiß von ihrem Vater Iuppiter, daß dieses im *Fatum* (s. Anm. zu 3,7) festgeschriebene Ziel schließlich auch erreicht wird. Sie gibt sich gleichwohl unwissend und schiebt Iuno die Verantwortung für die Aktion zu.

115 Die geschäftsmäßig-prosaisch klingenden Formeln in 115b. 116b wiederholen sich 8,49 f. als Worte des Flußgottes Tiberinus an Aeneas. Iuno erläutert ihren Plan, nach dessen Gelingen *Dido und Aeneas in dauerhafter Ehe* verbunden sein sollen (s. Anm. zu 4,99.166).

129 Mit dem Bild der *Aurora* (s. zu 4,6) beginnt die bei tobendem Unwetter in der Höhle endende Jagdszene. Dido zögert zunächst – einer Braut vergleichbar – in ihrem Gemach ihr Erscheinen hinaus, um dann um so strahlender als königliche Jägerin aufzutreten. Im Gegensatz dazu wird die Schönheit des Aeneas durch den epischen Vergleich mit dem Gott Apollo unterstrichen: Das Ungleichgewicht ist nur scheinbar; denn (1) wie Aeneas in pleonastischer Redeweise »vor allen andern der Schönste« heißt (4,141 *ante alios pulcherrimus omnis*), so wird Dido bereits beim Opfer *über die Maßen schön* genannt (4,60 *pulcherrima Dido*) und (2) bei ihrem ersten Auftritt überhaupt mit Diana, Apollos Schwester, verglichen (1,493–504). Dort wie hier eröffnet Vergil einen Strang der epischen Handlung durch ein Gleichnis; dort bestaunt Aeneas (noch in einer Wolke verborgen) die Schönheit der Dido/Diana, hier betrachtet Dido den Auftritt des Aeneas/Apollo. Die beiden Gleichnisse weisen mehrere (z. T. wörtliche) Parallelen auf. Hinsichtlich ihrer vorausdeutenden Funktion sind sie auch in Verbindung mit dem Hirschkuh-Gleichnis 4,68–73 zu sehen: Die-

166   *Anmerkungen*

ses läßt beide »Schönheits«gleichnisse unter dem tragischen
Aspekt der Beziehung Dido–Aeneas erscheinen (s. auch Anm.
zu 4,69).

143 Der Auftritt des Aeneas gleicht – wie der Didos in Buch 1 – der
Epiphanie einer Gottheit. Die Namen des Vergleichs werden
meist so gedeutet: *Apollo* verbrachte den Winter in Patara, ei-
ner Stadt *Lyciens*, die am Fluß *Xanthus* (nicht identisch mit
Troias gleichnamigem Fluß) liegt; wenn die Seefahrt im Früh-
ling wieder sicherer wurde, siedelte der Gott nach *Delus* über,
wo er geboren ist; seine Ankunft dort wurde kultisch gefeiert.
An dem Fest nahmen auch Fremde aus fernen Gegenden teil:
Kreter, Dryoper aus der Landschaft Doris am Parnassus, *Aga-
thyrsen*, ein wildes Volk Sarmatiens. Das Kultzentrum lag am
Fuß des Berges *Cynthus*.

160 In einem durch Rhythmus und Alliteration betonten Vers geht
die frohgestimmte Jagdszene in eine düstere Atmosphäre dro-
hender und aufgewühlter Elemente über. Die personelle Klam-
mer bildet die Gestalt des jungen Ascanius (156.163), der hier
in ungewöhnlicher Umschreibung des Namens *der dardanische
Enkel der Venus* genannt wird, womit Vergil dem Leser ein Si-
gnal gibt: Er verweist auf die Verwandtschaft mit der gerade
jetzt überaus aktiven Liebesgöttin und auf die Genealogie des
Aeneas, in der dessen Auftrag gründet (s. Stammbaum S. 188);
damit aber weist die Wendung voraus auf die Botschaft Iuppi-
ters 4,227–234 (des Mercurius 4,274–276) und zeigt an, daß
Aeneas jetzt im Begriff ist, aus eigenem Entschluß gegen das
Fatum zu handeln.

166 Mit dem Eingreifen der »Erdgöttin« *Tellus* und des personifi-
zierten *Aether* wird die bevorstehende *Vermählung* gleichsam
zum kosmischen Ereignis; dies wird unterstrichen durch das
Heulen der *Nymphen* auf den Bergen: lat. *ulularunt* ist lautma-
lerisch und deutet auf das im folgenden angekündigte Unheil
voraus (die Komplementärszene hierzu ist 4,665–671: s.
Anm.). *Tellus*, nach Aen. 7,136 »die erste unter den Göttern«
(*prima deorum*), dürfte hier als Urgöttin und als (mit Ceres/
Demeter eng verbundene) Spenderin von Fruchtbarkeit ge-
nannt sein; der spätantike Vergilkommentar des Servius (zu
dieser Stelle) spricht allerdings davon, es werde auch die Mei-
nung vertreten, »Tellus wache über die Ehen« (*Tellurem prae-
esse nuptiis*). *Iuno*, als Gattin des Iuppiter ohnehin die mächtig-

4. Buch   167

ste Göttin, steht neben *Tellus* als *pronuba Iuno*, »die ihre Hand
über Heiratende hält« (Servius: *quae nubentibus praeest*). In ei-
ner auktorialen Wendung (s. auch Anm. zu 4,65) bestätigt
schließlich der Dichter die im Wirken der Mächte sichtbare ge-
nerelle Wendung des Geschicks (169 f.). Zu Didos »Schuld«
vgl. R. F. Glei, *Der Vater der Dinge*, S. 153 f.

173 *Fama* ist im Mythos Tochter der Erdgöttin, Terra bzw. Tellus
(s. 4,166.178–180), von dieser geboren zur Rache an Göttern
und Menschen. Das vergilische Gemälde dieser »infamen«
Göttin, angeregt durch Homers *Odyssee* (24,413 f. »Ossa aber,
das Gerücht, die schnelle Botin, ging rings in der Stadt umher
und verkündete den bitteren Tod der Freier und ihr Todesver-
hängnis«), wurde vielfach nachgeahmt (z. B. in Ovids phanta-
stischer, nicht minder beeindruckender Darstellung, Met.
12,39–63). Seine erzähltechnische Funktion besteht darin, die
Überbrückung der Lücke vorzubereiten, die sich in der epi-
schen Handlung zwischen Vereinigung und Trennung der bei-
den Liebenden ergab: *Fama* kommt zu Iarbas, einem von Dido
einst zurückgewiesenen Freier (vgl. 4,196); dieser betet in sei-
nem Zorn zu Iuppiter (203 ff.), der wiederum seinen Blick auf
Karthago lenkt (220 ff.) und seinen Boten Mercurius instruiert,
um Aeneas an seine Aufgabe erinnern zu lassen (223 ff.); Mer-
curius setzt Iuppiters Befehl sogleich in die Tat um (238 ff.);
Aeneas reagiert unverzüglich (279 ff.). *Fama* tritt erneut
4,298.666 in Erscheinung.

198 *Iarbas:* s. Anm. zu 4,36 (zu den zahlreichen Namen der Szene
s. VdE). Merkwürdigerweise leitet der Dichter das zornige Ge-
bet des *Iarbas* an *Iuppiter* mit einem *soll ... angerufen haben*
ein (204 f. *dicitur ... orasse*); auch hier kann es sich nur um eine
der gelegentlichen auktorialen Bemerkungen Vergils handeln
(s. Anm. zu 4,65.166, auch 4,179 über die Herkunft der *Fama*
gehört dazu): Da das Gebet schwere Zweifel gegen Präsenz
und Wirksamkeit der Gottheit vorbringt, dürfte Vergil mit der
auktorialen »Abschwächung« gerade dieses Moment ebenso
betont haben wie mit dem Hinweis, daß die unerhörte (An-)
Klage des Königs *mitten im Wirkungsfeld der Götter* erfolgte
(zum Begriff *numen* s. auch Anm. zu 3,356).

206 Die zornige Enttäuschung des *Iarbas* ist auch vor dem Hinter-
grund zu sehen, daß er den *Iuppiter*-Kult in Mauretanien ein-
geführt hat (vgl. 206 f.). Der Gott erhält seither die Opfer-

168   *Anmerkungen*

Gabe des Bacchus, lat. *Lenaeum honorem: Lenaeus* ist Beiname
des Bacchus, der »Keltergott« (vom griech. Wort für Kelter).
Dreifach ist die Argumentationslinie in der Klage des *Iarbas*:
(1) *Iuppiter* scheint die Opfer nicht zu bemerken, seine Ver-
ehrung *umsonst*, sein Wirken *ziellos*, sein Grollen *nichtssagend*
zu sein (208–210; zum Blitze schleudernden *Iuppiter* s. Anm.
zu 4,25), sein Kult folglich Vollzug einer *sinnentleerten Tradi-
tion* (218, mit betonter Stellung von *inanem* am Versende).
(2) Dido, hier verächtlich nur *die Frau* (211 *femina*) genannt,
handelt undankbar; denn – so die Gründungslegende Kartha-
gos (vgl. 1,367 f.) – *Iarbas* verkaufte Dido einst so viel Land,
wie auf eine Stierhaut geht, Dido aber schnitt die Haut in
schmale Streifen und grenzte damit ein hinreichend großes Ge-
biet für die karthagische Burg ab. *Iarbas* erscheint gleichsam als
Lehnsherr. (3) Aeneas wird zum *dominus* der Sklavin Dido
(vgl. 4,103 *Phrygio servire marito*). Verächtlich wird er als
zweiter Paris bezeichnet, ein Weichling wie dieser und Räuber
Didos, einer anderen Helena. (Diese Vorwürfe werden später
in Latium wiederholt, Turnus tritt an die Stelle des *Iarbas*, La-
vinia an die Stelle Didos, vgl. Aen. 7,321; Aeneas als neuer *Pa-
ris* s. auch 7,363 f. und 9,138 f.; als *unmännlicher* Phryger wird
Aeneas 12,99 *semiviri Phrygis* bezeichnet, dem *unmännlichen
Gefolge* entsprechen die »Phrygerweiber« 9,617 *Phrygiae*.)

216 Vergils *Iarbas* unterstreicht seinen Sarkasmus durch das rheto-
rische Mittel der Alliteration (*Maeonia mentum mitra crinem-
que madentem*): *Die mäonische Mitra* meint die sog. phrygi-
sche Haube oder Phrygermütze, die unter dem Kinn festge-
bunden wurde, also nicht nur das *öltriefende*, d. h. als elegant
geltende pomadisierte *Haar*, sondern auch Backe und *Kinn* be-
deckte. Der Nachsatz (217 f., man beachte den scharfen Gegen-
satz) zeigt, daß der einfache (»barbarische«), traditionsverhaf-
tete *Iarbas* sich dem modernen »Beau« Aeneas unterlegen
fühlt.

222 *Mercurius*, Iuppiters Bote (vgl. seine Beschreibung 4,238–258),
soll Aeneas an seinen im Fatum festgeschriebenen Auftrag er-
innern, die Gründung des neuen Troia in Italien (vgl. W. Kühn,
Götterszenen, S. 64–73). Aus den Erzählungen des Aeneas (2.
und 3. Buch, s. bes. Anm. zu 3,94.154) kennt auch Dido diesen
Auftrag, der 1,299 Unkenntnis des Fatums bescheinigt wird
(sie ist *fati nescia*): Beide, Dido und Aeneas, kommen also in

4. Buch   169

Konflikt mit dem Fatum, und Iuppiter läßt es geschehen (vgl.
dazu auch den früheren Botenflug des *Mercurius* 1,297–304).
Mit dem Stichwort *Dardanerfürst* vergegenwärtigt der Dichter
die im Spruch des Apollo und der Penaten seinerzeit so nach-
drücklich betonte Abstammung des Aeneasgeschlechts vom
Troiagründer Dardanus (3,94–98.163–168; vgl. den Stamm-
baum S. 188). Die Hand der Götter hat Aeneas *zweimal vor
den Waffen der Griechen bewahrt*: vor dem Steinwurf des Dio-
medes in den Kämpfen vor Troia (Homer, Il. 5,311 f.) und beim
Untergang Troias (Aen. 2,589 f.).

229 Zu *Teucer* s. VdE und Anm. zu 3,104. Wenn Vergil Iuppiter
sagen läßt, Aeneas solle *den ganzen Erdkreis seinen Gesetzen
unterwerfen*, so wird damit (wie in einem *vaticinium ex
eventu*) die Macht antizipiert, die viele Jahrhunderte später und
insbesondere nach der endgültigen Unterwerfung Karthagos
das römische Imperium besitzen wird; die teleologisch ange-
legte Erzählung der *Aeneis* weist auf diese Machtfülle voraus
(häufiges Stichwort hierfür sind die *Enkel, nepotes,* s. Anm. zu
3,154), von Vergil besonders in den drei großen Prophetien
bzw. Visionen der Bücher 1, 6 und 8 dargelegt.

232 *Ascanius:* s. Anm. zu 4,160; Aeneas verwendet später den die
Zukunft des *Ascanius* betreffenden Vorwurf Iuppiters als Ar-
gument in der Verteidigungsrede vor Dido 4,354 f.

234 Der Plural *römische Burgen* (*Romanas . . . arces*) kann auch sin-
gularisch wiedergegeben werden: römische Burg = Capitol =
Rom; vgl. aber 6,783 die von *einer* Mauer umschlossenen *sie-
ben Burgen* Roms (*septem . . . arces*).

236 Mit *Ausoniens Nachwuchs* (*prolem Ausoniam*) ist die Jugend
Italiens gemeint. *Lavinium* nennt schon das Proömium der *Ae-
neis* als Ziel der Irrfahrten: Aeneas *kam durch Schicksalsspruch,
ein Flüchtling, nach Italien und zu Laviniums Gestade* (1,2 f.
Italiam fato profugus Laviniaque venit litora).

238 Vergil hat sich in der Beschreibung des *Mercurius* eng an das
homerische Vorbild angelehnt, aber gleichwohl eine unver-
wechselbare eigene Szene geschaffen, vgl. Homer, Od. 5,43–54
(in der Übersetzung von W. Schadewaldt): »So sprach Zeus,
und es war nicht ungehorsam der Geleiter, der Argostöter
(Hermes). Gleich darauf band er sich unter die Füße die schö-
nen Sohlen, die ambrosischen, goldenen, die ihn über das
Feuchte wie über die grenzenlose Erde zusammen mit dem

170 *Anmerkungen*

Wehen des Windes trugen, und faßte den Stab, mit dem er die Augen der Männer bezaubert, von welchen er es will, und auch die Schlafenden wieder aufweckt. Diesen in Händen haltend flog der starke Argostöter, stieß, als er Pierien erreichte, aus dem Äther auf das Meer und schoß dann über das Gewoge, einem Möwenvogel gleichend, der über den furchtbaren Mulden des unfruchtbaren Meeres nach Fischen jagend die schwirrenden Flügel in der Salzflut netzt. Diesem gleichend fuhr über die vielen Wogen Hermes.«

242 Den *Stab* (*virgam*) gebraucht *Mercurius* in seiner Eigenschaft als Seelengeleiter (griech. *psychopómpos, psychagogós,* auch nur *pompaîos*); so beschreibt ihn die *Odyssee* 24,1–3: »Hermes aber, der Kyllenier, rief die Seelen der (getöteten) Freier heraus: Er hielt in Händen den Stab, den schönen, goldenen . . .«

244 Die schwierige Wendung *lumina morte resignat,* d. h., »er entsiegelt die Augen vom Tod« (in unserer Übersetzung: *er öffnet die Augen aus der Nacht des Todes*), weist auf die Macht des Gottes über den »schlafenden« Toten hin (vgl. Od. 5,48: zitiert in Anm. zu 4,238). Die oft geäußerte Vermutung, hier werde auf den römischen Brauch angespielt, dem Verstorbenen die Augen zu schließen und auf dem Scheiterhaufen wieder zu öffnen, ist mit der vorliegenden Aufzählung von Aspekten göttlicher Macht über Lebende und Tote nicht zu vereinbaren.

247 Der Mythos erzählt, daß *Atlas* einst wegen seines ungastlichen Verhaltens gegenüber Perseus von diesem durch das Haupt der Medusa zum *Berg Atlas* versteinert wurde (vgl. Ovid, Met. 4,631–663). Die ehemals menschliche Gestalt wird in der Zeichnung des Bergmassivs sichtbar (*Haupt, Mantel, Schultern, Kinn des Alten, Bart*).

252 *Mercurius,* der *Cyllenier* (vgl. 258, s. VdE), wird umständlich gelehrt als *vom Vater der Mutter herkommend* bezeichnet (genauer: vom Großvater mütterlicherseits, *materno . . . ab avo*), d. h. als Sohn der Atlastochter Maia (s. 1,297).

259 Für *Nomadenhütten* steht im lat. Text das punische (karthagische) Wort *magalia,* das von römischen Autoren mit ›runden Viehpferchen‹ bzw. ›punischen Hirtenhütten‹ aus Stroh und Schilf erklärt wird. Als Aeneas zum ersten Mal staunend die karthagische Burg erblickte, wird dies mit der Bemerkung »früher einfache Hütten« (1,421 *magalia quondam*) kommentiert: Nun sieht man ihn selbst in eifriger Bautätigkeit wie vor-

4. Buch

dem die Karthager (1,423–429). Die Zeit der Untätigkeit ist
vorbei (vgl. 4,86–89 und als Äußerung der Fama 4,193 f.). Wie
auch Schwert und königliches Gewand zeigen, hat Aeneas
seine neue Rolle als Didos Partner voll angenommen.

265 Die anklagenden Worte des *Mercurius* knüpfen an das vorher-
gehende Bild direkt an: Ihre Schärfe macht deutlich, daß
Aeneas in freier Entscheidung gegen das Fatum gehandelt hat
(s. Anm. zu 4,160.279). Die Ascanius' Zukunft betreffende
Mahnung (271–276) ist z. T. wörtlich aus der Iuppiterrede
4,232 ff. in die Botenrede übertragen.

273 Dieser Vers ist in den spätantiken Vergil-Handschriften nicht
überliefert, wohl aber in einigen Handschriften des 9. Jahrhun-
derts als Ergänzung aus der Rede Iuppiters (4,233).

279 In der hier beginnenden Szene erscheint Aeneas, der bisher
hinter der Dido-Figur fast verschwand, erstmalig als Gestalt
mit eigenen Gefühlen und als selbständig Handelnder (ganz
im Gegensatz auch zu 4,259 ff.: s. Anm.). Wortwahl, Asso-
nanz, Formelhaftes unterstreichen in dieser Szene Erschrecken,
Unruhe und Hast. Die Fragen (283 f.) beziehen den Leser in
die selbstverschuldete Ratlosigkeit des »Helden« ein, der im
folgenden (285 f.) hektisch nach einem Ausweg sucht. In die
Entscheidung zwischen Verlockung und Pflicht gestellt – das
Dilemma wird in V. 281 f. bezeichnet –, ist kein Zögern des
Aeneas festzustellen; ein Gewissenskonflikt wird nicht deut-
lich, wohl manches Zeichen eines schlechten Gewissens: Gleich
zu Beginn der Rückzug auf den *Befehl der Götter*, sodann die
Anordnung einer verschwiegenen Vorbereitung der Abfahrt,
die Geheimhaltung der Gründe, das taktische Verhalten gegen-
über Dido. Die *freudige* Ausführung des Aeneasbefehls (s.
Anm. zu 3,176) zeigt allerdings, daß der Weg des Fatums wie-
der beschritten ist.

296 Dido stuft in ihrer bösen Ahnung das Vorgehen des Aeneas
und der Troianer sogleich als Vertrauensbruch ein; kein Bote,
sondern wiederum *Fama* überbringt die Nachricht, jetzt der
Königin, vorher (4,173) dem Volk. Die *rasend verliebte* Dido
(bereits kurz vorher von Aeneas in Gedanken so bezeichnet
4,283; s. auch Anm. zu 4,65.642) ist »außer sich«, ihr Verhalten
wird mit dem Rasen einer Bacchantin verglichen (episches
Gleichnis: s. Anm. zu 4,69). Auf dem Berg *Cithaeron* wurden
in jedem dritten Jahr um die Wintersonnenwende dionysische

172 *Anmerkungen*

Orgien gefeiert. Zu Beginn des ekstatischen Rituals wurden die Tempel geöffnet und die Kultgegenstände (vermutlich Thyrsosstäbe, Fackeln, vielleicht Phalloi) herausgeholt (301 *commotis . . . sacris*); danach erschallte der Kultruf »euhoe Bacche« (vgl. Aen. 7,389), und die Bacchantinnen (*Thyiaden* oder Mänaden genannt) eilten zum *Cithaeron*; dabei waren sie in Tierfelle gekleidet, schwangen den Thyrsosstab und schlugen auf Handpauken (303 *mit seinem Lärmen; clamore*). In ihrer Verzückung (»Enthusiasmus«) griffen sie Tiere des Waldes, zerrissen sie und verschlangen das rohe Fleisch. Wein spielte, zumindest ursprünglich, bei diesen ekstatischen Feiern (*orgia*) keine Rolle. Bedeutendste literarische Darstellung: *Euripides, Bakchen*. Indem er Dido als »Besessene« charakterisiert, leitet Vergil die Schilderung ihrer ausweglosen Verzweiflung ein: Unmittelbar nach Didos Tod ist es *Fama*, die wie eine Mänade durch die Stadt Karthago rast (4,666).

305 Aeneas bleibt die Peinlichkeit nicht erspart: Sein Entschluß, Dido zu verlassen, ist schlimm genug, der Versuch, diesen Entschluß heimlich zu realisieren, für Dido unfaßbar. Er muß sich die Anrede *perfide* (vgl. 4,366.421) gefallen und der Schuld an Didos (4,308 zuerst angekündigtem) *grausamem Tod* bezichtigen lassen. Oft wird die Frage verneint, ob das Handeln des Aeneas überhaupt mit moralischen Maßstäben gemessen werden könne: Er wird als ein höheren Gesetzen Folgender, dem Fatum Verpflichteter gleichsam »ent-schuldigt«. Zwar hätte Dido aus der Irrfahrtenerzählung vom Auftrag des Aeneas wissen können, aber sie wird durch die Göttinnen zum Objekt eines grausamen Spiels (s. Anm. zu 4,90), während Aeneas seit dem Brand Troias im vollen Wissen um seine Aufgabe ist und – jedenfalls bis zur Vereinigung in der Höhle (s. Anm. zu 4,160) – in seiner Beziehung zu Dido keiner göttlichen Lenkung bzw. Intrige ausgesetzt ist: s. auch Anm. zu 4,327.340.

309 Seefahrt, in antiker Zeit generell als gefährlich empfunden (und als solche ein Topos der Literatur), ruhte im Winter weitestgehend. Dido trifft die schwächste Stelle des Aeneas, seinen überstürzten Aufbruch zur Unzeit (*sogar . . . unter winterlichen Sternen . . . eilends mitten in den Nordstürmen*). Vgl. dazu Annas Worte 4,52–54 (und Anm. zu 4,45).

314 *Fliehst du vor mir?* Deutlicher: ›Bin ich es, vor der du fliehst?‹ Von Dido, im Bann ihrer persönlichen Empfindungen, ist nicht

zu erwarten, daß sie höhere Motive für das Handeln des Aeneas in Betracht zieht. Frühere Reflexionen bündeln sich in ihrer Anklage: *Haß* und Feindschaft der Nachbarn (s. Anm. zu 4,36; lat. *Nomades* hier wahrscheinlich *Numider*, vgl. 4,40 und VdE), das aufgegebene *Schamgefühl* (s. Anm. zu 4,54), der Grundsatz vollgültiger *Ehe* (s. Anm. zu 4,99). Erstmalig wird angedeutet, daß es unter den Karthagern (4,321 *Tyrii*) auch kritische Stimmen gegen Didos Verhalten gab (vielleicht darf man 4,295 als entsprechende Reaktion auf troianischer Seite verstehen).

325 Zu *Pygmalion* und *Iarbas* s. Anm. zu 4,20.36.206.

327 Der unerfüllte Kinderwunsch (und später der Fluch) der zerstörten Dido und die durchaus mitfühlende Reaktion des Aeneas sind vor dem Hintergrund der *Argonautika* des Apollonios von Rhodos zu sehen, wo sich Hypsipyle beim Abschied mehr als versöhnlich, Jason hingegen schroff und unsensibel verhält: Dies hat unlängst R.F.Glei, *Der Vater der Dinge*, S.155 f., mit Recht betont, und doch bedient sich Aeneas in der erbärmlichen Situation zur *Rechtfertigung* (4,337) seines Handelns (wie ein Anwalt) aggressiver Argumente, die Souveränität und Anstand vermissen lassen und auch das abschließende Bekenntnis (4,361) *Italiam non sponte sequor* diskreditieren.

335 *Elissa* war, so wird vermutet, Didos ursprünglicher phönikischer Name (vgl. auch 4,610 und 5,3, wo die Form *Elissae* ebenfalls am Versende einen Genitiv zu Dido ersetzt). Spätantike Vergilkommentare teilen mit, der Name Dido bedeute »Heldin«, »Heroine« und sei *Elissa* gegeben worden, weil sie die Selbstverbrennung der Ehe mit einem der nordafrikanischen Freier und damit dem Brechen ihrer Gelübde vorzog; der Name würde demnach eine Version der Didosage *vor* deren Verknüpfung mit der Aeneassage spiegeln.

337 Aeneas hat nicht versucht, *die Flucht hinterlistig zu verbergen*, aber er hat Vorbereitungen zur Abreise in aller Stille treffen lassen und auf Zeitgewinn gesetzt (4,288–294); er hat nicht *den Anspruch erhoben, Didos Gatte zu sein*, aber er hat nichts getan, ihr diesen Glauben zu nehmen, vielmehr trifft ihn Mercurius wie einen Prinzgemahl an (4,259–264, s. Anm. zu 99.259; zur bildhaften Wendung im lat. Text »die Fackel des Gatten zur Schau getragen« s. Anm. zu 4,18).

340 In der weiteren Rede zieht sich Aeneas praktisch auf einen
»Befehlsnotstand« zurück: Hinweise auf das *Fatum* (340.355),
den unfreien Willen (341.360), Götterbefehle (346.357; von
Weisungen des *Apollo von Grynium* berichtet die *Aeneis* sonst
nichts, s. VdE), Mahnungen des Vaters (351; zur Autorität des
inzwischen Verstorbenen s. Anm. zu 3,102), des Sohnes (354;
vgl. zum Argument 4,232–234.272–276). Aeneas zeichnet sich
als einen fremdbestimmten Menschen, der bestimmte Gedan-
ken nicht denken, bestimmte Empfindungen nicht an sich her-
anlassen darf und daher einer bis zur Selbstaufgabe leiden-
schaftlich liebenden Dido nicht auf gleicher Ebene zu begegnen
vermag. Aber warum fügt er Dido ohne Not weiteren Schmerz
zu, indem er Italien als seine *Liebe*, seine *Heimat* (*amor, patria*)
bezeichnet (347)? Warum erinnert er – auf sein Recht (*fas*) po-
chend – Dido an ihre durch Mord erzwungene Flucht aus der
Heimat (350)? Warum fordert er – erbittert – die eben noch
Geliebte auf, mit ihren Klagen (*querelis*) Schluß zu machen
(360)?

361 R. G. Austin zitiert zu diesem Halbvers (s. Anm. zu 4,327; all-
gemein Anm. zu 3,218) den Satz von Irvine: »This unfinished
line nobody, I suppose, would wish to see completed.«
E. K. Rand, *The Magical Art of Virgil*, Cambridge (Mass.)
1931, S. 359: »These last words resume in brief compass the
elements of the tragedy that confronts Aeneas: *Italiam* – his
mission; *non sponte* – his love; *sequor* – his resolution.«

362 *Aufgebracht*, erbittert (vgl. 360 *incendere*, 364 *accensa*) setzt
die durch Aeneas' »Rechtfertigung« noch mehr verletzte Dido
zur Abrechnung an, in bitterer Ironie sich an den Argumenten
des Aeneas orientierend: Gerade die immer wieder beschwo-
rene Abstammung (s. Stammbaum S. 188), die ihn – den *pius
Aeneas* – vom wortbrüchigen Priamusgeschlecht (s. Anm. zu
3,3) abhebt und einer großen Zukunft zuführt, dient ihr zum
Beweis der unmenschlichen Hartherzigkeit des erneut wort-
brüchig, *treulos* (366) Genannten (vgl. 4,305). Direkter als ein
episches Gleichnis mit seiner so-wie-Struktur (s. Anm. zu 4,69)
wirkt die *Caucasus*-Genealogie: Der Kaukasus, hier als beson-
ders rauhes Gebirge dargestellt, steht bei römischen Autoren
oft für das ganz Entlegene, Drohende, Unnahbare; Horaz
z. B. nennt ihn an zwei Stellen »unwirtlich«, »ungastlich«
(carm. 1,22,7 und epod. 1,12 *inhospitalem Caucasum*). Vergils

4. Buch   175

Bild wurde gesteigert durch Shakespeare, *Heinrich VI.*, 3. Teil,
1,4,154 f.: »But you are more inhuman, more inexorable, / O
ten times more, than tigers of Hyrcania.«

373 Dido beklagt die Undankbarkeit des Aeneas und schlägt ihm
wütend und höhnisch die ins Feld geführten höheren Weisun-
gen um die Ohren (die *nunc*-Anapher nimmt das von Aeneas
betonte *nunc* 4,345.356 auf), allerdings nicht im kumulativen
Sinn, wie von Aeneas gemeint, sondern als Folge peinlicher
Ausflüchte. Mit dem sarkastischen *scilicet* (379) nimmt sie eine
ironische Wertung der Götter vor, die so klingt, als sei der
Himmel voll von Göttern epikureischer Prägung – weit weg
von den Geschäften und Sorgen der Menschen, in seliger Ruhe.

380 Dido will sich nicht auf rationales Argumentieren einlassen,
wie dies Aeneas wenig überzeugend versucht hatte (s. Anm. zu
4,340). Mit *sequere Italiam* (381, unterstrichen durch weitere
Imperative) nimmt sie das Schlußwort des Aeneas *Italiam non
sponte sequor* (361) auf. Die Rede klingt in einem auf Aeneas
persönlich gezielten Fluch aus, den Dido kurz vor ihrem Tod
wieder aufgreift (vgl. 4,612 ff.) und auf Kinder und Kindeskin-
der der Troianer ausdehnt.

393 Der mit der unüberhörbaren Qualifikation des Aeneas als
pflichtbewußt (verantwortungsbewußt: *pius*; schon im Pro-
ömium der *Aeneis* 1,8 wird er ein *Vorbild an Ehrfurcht* bzw.
Frömmigkeit genannt, *insignis pietate vir*) beginnende Satz
markiert den eigentlichen Wendepunkt: Aeneas, im Aufbruch
zu neuen Ufern, heißt hier zum ersten und einzigen Mal in
Buch 4 der *Aeneis pius* in der Befolgung des *Befehls der Götter*
(396 *iussa ... divum*); der gedemütigten Dido hingegen bleibt
nur der Gang in den Tod. Aeneas zieht aus zur Gründung eines
neuen, einst die Welt beherrschenden Troia; auf Didos kartha-
gisches Reich hingegen fällt ab jetzt der Schatten des Unter-
gangs (s. schon Anm. zu 4,69). Göttliche Mächte (Iuppiter, der
dem Fatum zum Durchbruch verhilft, Mercurius, Apollo) las-
sen die Mission des Aeneas letztlich erfolgreich enden; Iunos
Interessen hingegen und ein kurzes Zusammenspiel von Iuno
und Venus führen Dido in die Ausweglosigkeit.

402 Beim Abschied Hypsipyles von Jason vergleicht Apollonios
das Gewimmel am Strand mit dem Schwärmen der Bienen (Ar-
gon. 1,879–882: s. Anm. zu 4,327); für das *Ameisen*-Gleichnis
hat sich Vergil vielleicht von Apollonios (Argon. 4,1452–56)

| 176 | *Anmerkungen* |

anregen lassen. Für die Deutung des Gleichnisses, in dem sehr Großes mit sehr Kleinem verglichen wird, ist wichtig (1) die Komplementärszene Aen. 1,423–443, in der Aeneas, noch in der Wolke verborgen, das Aufbauwerk der Karthager betrachtet, deren Betriebsamkeit mit der des Bienenschwarms verglichen wird; (2) die militärische Metaphorik der Bildhälfte (*populare, campus, agmen, praeda, cogere, castigare moras*), in der sich die scheinbare Unordnung beim Aufbruch als geordneter Abzug erweist. Aus letzterem hat H. Fränkel (in: *Gnomon* 25, 1953, S. 385 f.) den Schluß gezogen, daß für Dido der Abzug der Troianer einem Raubzug gleicht (*an den Winter denkend*, 403 *hiemis memores*, unterstreicht das methodische Vorsorgen zugunsten des eigenen Wohlergehens). Damit aber weist das Gleichnis über die Grenzen des Epos hinaus auf die imperiale Macht Roms (zumal *Ameisen-* ebenso wie Bienen-Staat Bilder für menschliche Gemeinwesen sind).

408 In einem eindrucksvollen auktorialen Ausruf (s. Anm. zu 4,65.166) kommentiert der Dichter das Geschehen aus Didos Perspektive. Das Ameisen-Gleichnis wirkt noch nach; denn Dido mußte das Gewühl und *Brodeln* am *Strand* von ihrem Platz aus – *der Höhe der Burg* – wie das Gewimmel eines *Ameisen*haufens wahrnehmen. Das Vorbild für den *unverschämten* (*verbrecherischen*) *Amor* (412 *improbe Amor*) findet sich erneut in den *Argonautika* des Apollonios (4,445 »Schändlicher Eros, schweres Leid, schwere Plage der Menschheit«, wo Medea beschließt, ihren Bruder zu töten, um mit ihrem Geliebten Jason fliehen zu können): »Dido is like the slave of an allpowerful tyrant, under a compulsion which she cannot or will not resist« (R.D. Williams, London 1972, Komm. zu 4,412; zur Form des Verses s. 3,56).

416 Aeneas erscheint hier als unberechenbar und verschlossen; vgl. aber die Parallele 4,293 f., wo Aeneas meint, er werde *nach Mitteln und Wegen suchen, wann mit Dido am schonendsten zu reden sei* (293 f. *aditus, mollissima fandi tempora;* 423 *mollis aditus et tempora*). Die Situation hat sich inzwischen verkehrt (im Sinne der Anm. zu 4,393). Aber auch die Gesamtstimmung hat sich gewandelt: Aeneas heißt erneut *der Treulose* (421, s. Anm. zu 4,362), *hochmütig* und *Feind* (424), Verräter am Ehebündnis (431, s. Anm. zu 4,99). Das Tempus *du allein kanntest* (423 *sola . . . noras*) zeigt an, daß Dido trotz des neuen Ver-

4. Buch 177

suchs ihre Geschichte mit Aeneas als Vergangenheit empfindet:
Sie erniedrigt sich nur noch, um den *Wahn (furor)* ihrer Liebe
(nun auch von ihr so genannt: 4,433; vgl. 4,474) zu bewältigen.
Die Motive von 4,430 f. läßt Ovid in seinem Didobrief die Lie-
bende dem Geliebten gegenüber zum Ausdruck bringen (*He-
roides* 7,178–180): »Anstelle erhoffter Ehe erbitte ich eine
kleine Spanne Zeit: Bis sich das Meer besänftigt und Gewöh-
nung die Liebe mäßigt, will ich lernen, das Unglück tapfer tra-
gen zu können« (*pro spe coniugii tempora parva peto: / dum
freta mitescant et amorem temperet usus, / fortiter ediscam
tristia posse pati*). Die lat. Wendung *me victam … dolere* (434)
zeigt deutlicher als die deutsche Übertragung, daß Dido den
Kampf aufgegeben hat. Die Bedeutung der Schlußverse (435 f.)
ist seit der Antike umstritten: Entweder kündigt Dido, nun ge-
genüber Anna, sarkastisch an, daß sie sterben und Aeneas noch
im Tod (durch ihren Suizid?) verfolgen wird (vgl. den Fluch
4,382–387), oder Dido erwägt wirklich, *ergeben zu leiden* und
ein temporäres Zugeständnis des Aeneas mit der Rücknahme
des Fluches zu vergelten. Ovids Fortsetzung der zitierten Verse
spricht eher für letzteres (Her. 7,181): »wenn nicht, bin ich ent-
schlossen, meinem Leben ein Ende zu machen« (*si minus, est
animus nobis effundere vitam*).

437 Der Hinweis auf den durch Tränen nicht zu *rührenden* und *für
jegliches Wort unzugänglichen Aeneas*, der seinen im *Fatum*
(s. Anm. zu 3,7 und 4,229.340.393) verankerten Auftrag endlich
gefestigt verfolgt, bereitet das zweite Aeneas-Gleichnis in
Buch 4 vor: Das Alpeneichen-Gleichnis wird zum einen in
Korrespondenz zum Aeneas-Apollo-Gleichnis gesehen (4,140
bis 150: s. Anm. zu 4,129.143), zum andern in Beziehung ge-
setzt zum Bild der gefällten Bergesche, die den unabwendbaren
Sturz des Priamus und der Stadt Troia symbolisiert (2,624 bis
633), und dem Vergleich der Totenklage um Dido mit dem Un-
tergang von Karthago oder Tyrus (4,663–670). Es ergibt sich
eine Assoziationskette Priamus/Troia/Bergesche – Aeneas/
(vgl. Fatum: Rom)/Alpeneiche – Dido/Karthago/(Baum), eine
»in die historisch-politische Dimension weisende Motivreihe«
(R. Rieks, *Die Gleichnisse Vergils*, S. 1072 f.).

449 Die zweite Hälfte dieses Verses wird seit der Antike diskutiert:
Wessen *Tränen*? Die erweiterte Fassung des spätantiken Ser-
vius-Kommentars hält alle Möglichkeiten offen: »Tränen des

| 178 | *Anmerkungen* |

Aeneas oder der Dido oder der Anna oder aller«. Augustinus deutet in *De civitate Dei* IX 4, wo er die Ansichten der Peripatetiker und der Stoiker über die Leidenschaften des Gemütes referiert, die *Tränen* eindeutig auf Aeneas: Die Macht des Geistes läßt nur *nichtige Tränen* fließen.

450 Der endgültige Wendepunkt: Der Inhalt des *Fatums* führt zu Didos Suizidbeschluß (vgl. 4,474 f.). Er wird bekräftigt durch ein grauenhaftes Zeichen beim Opfer (452–456). Die sich anschließende Bildbeschreibung ist ein psychologisches Meisterstück Vergils: Bindung Didos an den längst toten Sychaeus (s. Anm. zu 4,20), der als Unheilskünder geltende Uhu, die religiös gesteuerte Angst, das Traumbild Aeneas, die im Traum empfundene Panik des Verlassenseins in der Wüste; vgl. H. R. Steiner, *Der Traum in der Aeneis*, S. 48–51. Selbst diese Bildfolge wird noch durch ein episches Gleichnis unterstrichen: Die *rasende* Dido wird mit zwei Bühnenfiguren verglichen, Pentheus und Orestes; man wird dies als Anspielungen auf die *Bakchen* des Euripides (4,470 ist aus Eur. Bacch. 918 f. übertragen) und die *Eumeniden* des Aischylos verstehen dürfen (ohne den Umweg über lateinische Bühnenfassungen zu gehen).

474 Dido bemäntelt ihren Suizidbeschluß durch die Absicht, eine Zauberin kommen und sich mit ihrer Hilfe von dem Liebeswahn (4,474 nimmt Didos Bekenntnis aus 4,433 f. auf) befreien zu lassen: Dazu erbittet sie die Unterstützung der Schwester, die den wahren Plan nicht kennen darf (s. Anm. zu 4,9.672). Im Gegensatz zu Medea (vgl. Apollonios von Rhodos, *Argonautika*) vollzieht Dido die Zauberpraktiken nicht selbst und erklärt auch, daß sie nur widerstrebend (*invitam* 4,493) zu solchen Zuflucht nimmt. Beides – aktive und passive Verwendung von Zauberei – steht nach ältestem römischem Recht unter Strafe. Der Kommentator Servius faßt zusammen (zu Aen. 4,493): »Die Römer haben sich viele sakrale Handlungen zu eigen gemacht, magische aber immer verworfen« (*cum multa sacra Romani susciperent, semper magica damnarunt*). Ohne Zweifel soll das Fremde, Irrationale in Verbindung mit der Errichtung des Scheiterhaufens die mit Didos Schreckensvisionen (460 ff.) bereits eingeleitete düstere, auf das Ende hindeutende Stimmung wachhalten. Dido beginnt ihre Rede mit einer für das Epos typischen Beschreibung (Ekphrasis; s. VdE); für die Ausmalung des Atlas (s. Anm. zu 4,247) ließ sich Vergil durch

4. Buch

das Epos *Annales* des großen Vorgängers Ennius anregen (fr. 159.339; vgl. Aen. 6,796 f. und 8,136 f.140 f.).

483 Die aus afrikanischer Nachbarschaft stammende Zauberin wird mit dem positiven Begriff *Priesterin* (*sacerdos*) eingeführt, der auch betont am Ende der Szene steht (498, vgl. 509): Sie verrichtete (offenbar in früherer Zeit) den Kult der *Hesperiden*, der »Töchter des Abends« (oder des Atlas oder des Erebus), die mit Hilfe eines *Drachens* die »goldenen Äpfel« hüteten. Zu den Aufgaben der *Priesterin* gehörte die Fütterung des *Drachens* und damit, wie es scheint, auch eine Aufsicht über den Hesperidengarten. Der Sinn ihres Verteilens von Honig und Mohn ist seit der Antike umstritten: eine die Aggressivität des *Drachens* dämpfende Speise oder – wahrscheinlicher – eine defensive Handlung, um dem Garten sich nähernde (tierische?) Räuber außer Gefecht zu setzen? Die gelegentlich erwogene Verbindung mit den nachfolgenden Zauberkünsten ist stilistisch (s. *haec*) nicht vertretbar.

487 Die Zauberin kann *Herzen* von *drückendem Kummer befreien* (den sie auch einzugeben versteht), also auch von unglücklicher Liebe. Ihre Kunst verbindet sich mit der magischen Herbeiführung von Erscheinungen, die nach den Gesetzen der Natur »unmöglich« sind (sog. Adynata). Mit diesem literarischen Mittel arbeitet Vergil bereits mehrfach – zur Steigerung des Gedankens – in den *Eklogen* (vgl. Ekl. 1,59–63; 4,18–23.28 bis 30.42–45; 5,62–64; 6,27 f.). Besonders das Motiv des die unbelebte Natur in Bewegung versetzenden Zaubers, der *Eschen von den Bergen steigen* läßt (491), findet sich, bezogen auf Orpheus, den zauberkräftigen Sänger des Mythos (Ekl. 3,46 »Wälder«, bes. Georg. 4,510 »Eichen«), und auf den frühgriechischen Epiker Hesiod (Ekl. 6,71: *deducere montibus ornos*). Beides – der Zauber des Gesangs und die Bewältigung unglücklicher Liebe – sind zentrale Themen der *Eklogen* Vergils und der nachfolgenden Bukolik (vgl. G. Binder, in: B. Effe / G. B., *Die antike Bukolik*, München/Zürich 1989, S. 156–159).

492 Bei der Absicht, die an Aeneas erinnernden, jetzt also Aeneas symbolisierenden Dinge zu verbrennen, ist an das in Kult und Magie bekannte stellvertretende oder Ersatz-Opfer zu denken (s. auch Anm. zu 4,504). Der im lat. Original für *Kleidung* stehende Begriff *exuviae* bezeichnet eigentlich alles, was ein anderes Lebewesen als »Eigentum« vorher an sich getragen hat, be-

180   *Anmerkungen*

sonders aber die Kleidung, beim Krieger die Rüstung, beim
Tier die Haut. Hier sind in erster Linie die *Gewänder aus
Ilium* (4,648 *Iliacas vestis*) gemeint, die von Dido später sogar
angeredet werden (4,651 *dulces exuviae*); vgl. auch 4,261–264.
Impius (496) steht in Kontrast zu *pius Aeneas* (393, s. Anm.);
sacerdos schließt die Szene effektvoll ab (vgl. 483, s. Anm.).

503 Zum Halbvers s. Anm. zu 3,218.

504 Mit der stark betonenden Wendung *doch die Königin* (*at re-
gina*) wird die in Didos Tod endende Handlungssequenz ein-
geleitet. (So beginnen auch Abschnitt 4,1 ff. – Dido gesteht sich
ihre Liebe – und 296 ff. – Dido ahnt den Treuebruch.) Die lat.
Verbindung *fronde ... funerea* (506 f.) bedeutet eigentlich *mit
Totenlaub* oder *mit einem Kranz von Totenlaub*: gemeint sind
Zypressenzweige. *Die Kleider, das Schwert* (507) sind bereits in
Didos Rede genannt (495 f.), nicht dagegen das *Bild* (508 *effi-
gies*). Letzteres vertritt nach antiker Vorstellung den Darge-
stellten selbst; man wird es sich als Maske aus Wachs mit den
Zügen des Aeneas vorstellen müssen. Damit verstärkt sich der
Eindruck des stellvertretenden Opfers (s. Anm. zu 4,492).

509 Die *Priesterin* (s. Anm. zu 483) vollzieht *mit gelöstem Haar*
(s. Anm. zu 518) die angekündigten Handlungen: *Dreimalige*
Anrufung war bei magischen Praktiken üblich. Von den *drei-
mal hundert* angerufenen Gottheiten werden namentlich nur
die in der speziellen Situation besonders wichtigen genannt:
Erebus als Gott der Finsternis, Sohn des Chaos und der Nacht;
Chaos selbst als der unermeßliche Raum der Unterwelt; die
dreigestaltige Hekate als Unterweltsgöttin und oberste Zaube-
rin, die mit Artemis/Diana in ihrer unterweltlichen Funktion
identifiziert wurde, welche ihrerseits Trivia genannt (Göttin
der Straßengabelungen, vgl. 4,609) und *dreigesichtig* dargestellt
wurde (zur Dreizahl in der *Aeneis* s. Anm. zu 3,37).

511 Die Zauberin verwendet, wie häufig für kultische und magische
Rituale vorgeschrieben, klares *Wasser* (512 *latices*), *angeblich*
aus dem nordwestlich von Neapel gelegenen *Avernersee*, an
dessen Ufer sich nach dem Mythos ein Eingang zur Unterwelt
befand (Wasser wird generell dem chthonischen Bereich zu-
geordnet wie die Gottheiten *Hecate, Erebus, Chaos*: vgl.
M. Ninck, *Die Bedeutung des Wassers im Kult und Leben der
Alten*, Leipzig 1921, S. 1–46). Da in Karthago kein Wasser aus
dem *Avernus* verfügbar war, durfte die Zauberin zu einem

4. Buch 181

Ersatz greifen (wie Dido im Zauber das Bild für die Person nimmt).

513 Für Zauberpraktiken werden immer kräftige, voll im Saft stehende Kräuter benötigt, mit erzenen Sicheln bei Mondschein geschnitten (das später erfundene Eisen war verboten). Der Hinweis auf den milchigen Saft (514) scheint bereits überzuleiten zu dem schwer verständlichen Liebeszauber (515 f.): *venenum (Gift)* hängt sehr wahrscheinlich zusammen mit dem Namen *Venus* und wird oft in der Bedeutung (gefährlicher, zauberhafter) »Liebestrank« verwendet; das *Gewächs, von der Stirn des gerade geborenen Fohlens gerissen,* umschreibt das sog. Hippomanes, eine fleischige Wucherung auf der Stirn des Fohlens, der man Zauberkraft zuschrieb. Dazu Plinius, Nat. hist. 8,165: »Und wirklich tragen die Pferde bei der Geburt ein Liebesmittel auf der Stirn, genannt Hippomanes, von der Größe einer Feige und von dunkler Farbe, das die Mutter gleich nach der Geburt verschlingt; andernfalls läßt sie das Junge nicht ans Euter« (*et sane equis amoris innasci veneficium, hippomanes appellatum, in fronte, caricae magnitudine, colore nigro, quod statim edito partu devorat feta aut partum ad ubera non admittit*). Vielleicht geht diese Vorstellung vom »Pferdegeil« auf Bemerkungen des Aristoteles zurück.

516 Zum Halbvers s. Anm. zu 3,218.

517 Didos eigenes Tun wirkt im Gegensatz zu dem der Zauberin wie eine ordnungsgemäße Kulthandlung: Sie verwendet die beim Opfer vorgeschriebene *mola salsa* (vgl. dazu K. Latte, *Römische Religionsgeschichte,* München 1960, S. 387); Barfüßigkeit, offenes Haar (s. 4,509), gelöstes Gewand, Vermeidung von Knoten gehören zu Gebet und Opfer ebenso wie zu magischen Handlungen (vgl. S. Eitrem / H. Herter, »Bindezauber«, in: *Reallexikon für Antike und Christentum,* Bd. 2, 1954, S. 380 bis 385); schließlich ruft sie alle *Götter* (und Gestirnsgottheiten) an und erweitert das Gebet um eine »salvatorische Klausel« an eine allenfalls vorhandene, ihr aber nicht bekannte Gottheit für ent- bzw. getäuschte Liebende.

522 Das Gemälde der ruhenden Welt (vgl. 3,147) und der in ihrem Unglück schlaflosen Dido ist beeinflußt von den *Argonautika* des Apollonios von Rhodos (3,744 ff.); in der Konfrontation mit der folgenden Szene, die Aeneas schlafend zeigt (4,554 ff.), wiederholt sich hier die Grundsituation vom Buchanfang

182   *Anmerkungen*

(s. dort). Die wiederum *infelix* genannte Dido (529, s. Anm. zu 4,65) verfällt in ein Selbstgespräch; es besteht aus einer langen Folge von Fragen, die aus ihrer Sicht allesamt nur eine logische Konsequenz zulassen: den Tod von eigener Hand. Noch einmal werden die Themen dieses Buches reflektiert: die grundlegende Polarität von Raserei der *Liebe* und des *Zorns* (532); die *Freier* aus Afrika (534 ff., s. Anm. zu 4,36); die Undankbarkeit der Troianer (537 ff., s. Anm. zu 4,373); der Treuebruch des Aeneas (540 ff., s. Anm. zu 4,305) und die bekannte *Wortbrüchigkeit* der Troianer (542, s. Anm. zu 3,3); Didos Verantwortung für ihre Karthager (544 ff., s. Anm. zu 4,206); die Rolle der Anna (548 f., s. Anm. zu 4,9); Didos Versagen gegenüber Sychaeus (4,552, s. Anm. zu 4,20).

548 Am Ende des Selbstgesprächs steht eine Klage, die geeignet sein könnte, die von Dido empfundene Schuld zu relativieren: die Ermutigung durch Anna (4,31–53: s. die Anm. dort), die dazu führte, daß Dido keine Chance besaß, *unverheiratet* und *frei von Schuld* zu leben und so das dem *Sychaeus* einst gegebene Versprechen einzuhalten. Die an die Schwester gerichteten Worte klingen anklagend, enden aber (552) in der Selbstanklage. Didos naiv klingender, unerfüllter Wunsch, *wie ein wildes Tier* (551 *more ferae*) leben zu dürfen, wurde im Sinne ungebundener Sexualität interpretiert, eine Deutung, die Didos immer betonte Norm unverbrüchlicher Treue falsch einschätzt (der als Stütze herangezogene Horaztext Sat. 1,3,109 – Liebe *more ferarum* als Kriegsgrund schon in der frühen Menschheitsgeschichte – hat mit Didos Problem nichts zu tun). Die Deutung im Sinne eines Lebens »free from social and personal relationships, like a deer on the mountains« (vgl. R. D. Williams, London 1972, zur Stelle) ist mit Didos verantwortungsbewußt wahrgenommener Herrscherrolle schwer zu vereinbaren (vgl. aber Annas Vorwurf 4,682 f.). Dido beklagt m. E., daß sie ihr Leben als Witwe des Sychaeus nicht »ungeschützt wie ein Tier in der Wildnis« leben durfte, weil die zahlreichen »Jäger« von Iarbas bis Aeneas es nicht zuließen: Die Verbindung zum Gleichnis der *unvorsichtigen Hirschkuh* (4,65–73: s. Anm. zu 4,69) ist unverkennbar, ein Gedanke an die alles Wilde, Zivilisationswidrige zähmen oder beseitigen wollende Ideologie der *Georgica* und damit an den »römischen« Auftrag

4. Buch 183

des Aeneas vielleicht erlaubt. Einen exkulpierenden Rückzug
auf Fatum und Götterbefehl versagt sich Dido.

556 Die erneute Erscheinung des *Mercurius* (zu seiner Rolle s.
Anm. zu 4,238.242) im Traum veranlaßt Aeneas zu fast panik-
artiger Flucht, zugleich lenkt sie für kurze Zeit von Dido ab,
deren Tod der dramatische Höhepunkt des Buches vorbehalten
ist. Die Bedeutung der Szene für die Aeneas-Handlung wird
bereits daraus ersichtlich, daß *Mercurius* den Troianer *hoch auf
dem Heck des Schiffes* antrifft (über diesen Topos s. ausführlich
Anm. zu 3,525). Der Gott operiert mit gezielten Lügen und
Unterstellungen, die in einer verächtlichen Sentenz gipfeln
(569 f.): *Ein launisch und wankelmütig Ding ist immer die Frau*
(man beachte die Neutra *varium* und *mutabile*). In ihrem Ver-
hältnis zu Aeneas war Dido trotz aller Enttäuschung und Wut
nicht *wankelmütig*; ihre fortdauernde leidenschaftliche Liebe
hätte einen Racheakt, wie von Merkur angekündigt (566 f.),
nicht erlaubt (im Gegensatz zur Verwünschung 4,381–387 und
dem Fluch 612–629; vgl. dazu 4,429–436 und bes. 590–606).

584 Zum Bild des Tagesanbruchs, das 10,459 f. wörtlich wieder-
kehrt, s. Anm. zu 3,588 und 4,6 (VdE TITHONUS). Zu beachten
ist der scharfe Kontrast zwischen dem heiteren Sonnenaufgang,
dessen Licht die sich entfernenden Troianerschiffe und die Öde
des Strandes sichtbar werden läßt, und Didos letztem Auf-
schrei, der in dem sich auf Kind und Kindeskind des Aeneas
erstreckenden Fluch endet (612–629).

590 Zunächst scheint sich die Ankündigung des Mercurius
(4,563 ff.) zu bewahrheiten; aber Dido erschrickt gleichsam
über sich selbst (595) und kehrt resignierend den Schuldgedan-
ken gegen sich in einer getragenen Selbstapostrophe (596, der
Vers wird von langsamen Spondeen bestimmt; *infelix*: s. Anm.
zu 4,65): Die Vergangenheit holt Dido ein, ihr als *gewissenlos*
empfundenes *Tun*, d. h. der Wortbruch gegenüber Sychaeus
(vgl. 552). In der nächsten Woge ihres Zorns greift sie zum Bei-
spiel der aus Kolchis fliehenden Medea (600 f.): Diese nahm ih-
ren kleinen Bruder Apsyrtos als Geisel mit; als die Verfolger-
flotte ihres Vaters Aietes in Sicht kam, tötete Medea die Geisel,
riß die Leiche in Stücke und *verstreute* die Teile auf dem Meer,
um die Verfolger durch das Einsammeln der Gliedmaßen auf-
zuhalten. Auch der von ihr geliebte Ascanius dient Dido nun
in erneuter Zuhilfenahme des Mythos zur Ausmalung einer

184 *Anmerkungen*

möglich gewesenen Rache (601 f.): Atreus ermordete die Söhne
seines mit ihm um die Herrschaft ringenden Bruders Thyestes
und ließ sie ihm als Mahl zubereiten; Tereus, der Philomele, die
Schwester seiner Frau Prokne, vergewaltigt, verstümmelt und
eingekerkert hatte, erhielt zur Rache das Fleisch seines Sohnes
Itys vorgesetzt.

607 *Iuno* hat die Verbindung Dido–Aeneas zusammen mit Venus
angebahnt (vgl. 4,90–128); zu *Hekate* s. Anm. zu 4,509, zu *Di-
rae* s. VdE FURIAE. In üblichem Gebetsstil ruft Dido mit der
Wendung *alle Götter der sterbenden Elissa* (610) die Gotthei-
ten an, die sie nicht namentlich nennt, aber nicht vergessen darf
(s. Anm. zu 4,517). *Elissa*: s. Anm. zu 4,335.

612 Mit dem Konditionalsatz beginnt Didos Fluch über Aeneas,
seinen Sohn und die *Enkel* (629), d.h. das aus der Vereinigung
von Troianern und Latinern entstehende Volk der Römer.
Darin ist die historische Auseinandersetzung zwischen Rom
und Karthago vorgeprägt, sie wird gleichsam ursächlich (aitio-
logisch) im Mythos verankert. Der zeitgenössische Leser weiß,
daß die Siege in den drei Punischen Kriegen (264–241 v. Chr.,
218–201, 149–146) Rom den Weg zur Weltmacht bereitet ha-
ben und der Gipfel römischer Geschichte unter Kaiser Augu-
stus ohne diese Siege undenkbar wäre. Zu der in der *Aeneis*
häufig angewandten Erzählform der Aitiologie s. Anm. zu
3,63.278.500.543; zu Didos Fluch zuletzt R. F. Glei, *Der Vater
der Dinge*, S. 157–159. Der in die Geschichte weisende Begriff
Enkel (629 *nepotes*, s. Anm. zu 3,154) ist im lat. Vers besonders
hervorgehoben: Ein sog. Hypermeter (das *-que* am Versende
muß mit 630 *haec* verschliffen werden) ist am Übergang von
epischer Rede zu erzählender Partie ungewöhnlich (vgl. anders
4,558).

630 Die Zwischenszene wirkt retardierend (vgl. 631 *möglichst
schnell*; 642 *Dido, ungeduldig ... entfesselt*). Zwischen der
Amme und dem von ihr großgezogenen Kind bestand zeitle-
bens ein enges Vertrauens-, ja Pietätsverhältnis, das in Literatur
und Kunst oft dargestellt wurde. Dido wendet sich an *Barce,
die Amme des Sychaeus*, da ihre eigene nicht mehr am Leben ist
(zur Bedeutung der Amme in der *Aeneis* vgl. auch 5,644 ff.
über Pyrgo, die Amme der Priamussöhne, und bes. 7,1 ff. zum
Denkmal für Caieta, die Amme des Aeneas).

4. Buch   185

635 Wasser, hier *Flußwasser,* war bei Kultakten für chthonische
Gottheiten üblich (s. Anm. zu 4,511). Daß Opfer*tiere* und
Sühnopfer bzw. Sühnemittel (636) identisch sind, legt die ver-
gleichbare Stelle Aen. 6,153 *(pecudes, ea prima piacula sunto)*
nahe. *Binden* bzw. Bänder (637) gehören zur Kultkleidung
beim Opfer (vgl. den Altarschmuck 3,64). *Iuppiter Stygius*
(638): eigtl. der zum Styx, zur Unterwelt gehörende Iuppiter,
also der Herr der Unterwelt, Pluto; vgl. 4,699, wo Orcus, die
personifizierte Unterwelt, noch mit dem Beiwort »stygisch«
versehen ist, *Stygius Orcus* (der Todesgott). Dido gibt noch im-
mer vor, sie wolle Kleidung, Schwert und Bild des Aeneas ver-
brennen (vgl. 4,495–497.507 f.); in der Vorstellung des stellver-
tretenden Opfers (s. Anm. zu 4,492) kann sie vom *Scheiterhau-
fen des Dardanerfürsten* sprechen (eigtl. *des Dardanerhauptes,*
vgl. zum Ausdruck 4,613 *dieser abscheuliche Mensch,* eigtl. *das
unsägliche Haupt, infandum caput).*

642 Didos Wahn und Rasen *(furor)* meinte anfänglich (nur) eine lei-
denschaftliche, jeglicher rationalen Kontrolle sich entziehende
Liebe, dann den rasenden Zorn; spätestens mit ihrem den
Aeneaden nachgeschleuderten Fluch (s. Anm. zu 4,612) gehört
sie zu den sog. romfeindlichen Kräften der *Aeneis* und wird
mit den Qualifikationen *entfesselt* (642 *effera*) und *die Rasende*
(646 *furibunda*) zu der gegen das Fatum und damit gegen das
neue Troia kämpfenden Iuno und ihren »Werkzeugen« (z. B.
Amata, Turnus, Mezentius) in Beziehung gesetzt. Im Zusam-
menhang mit den drei Dido-Gleichnissen in Buch 4 spricht
R. Rieks, *Die Gleichnisse Vergils,* S. 1074, von »Liebes-, Zor-
nes- und Todesfuror«.

648 Auch auf dem Scheiterhaufen ist die zu Tode verletzte Dido
nicht frei von positiven Empfindungen, zumindest Erinne-
rungen: Sie spricht die vordem *geliebten Gewänder* (651 *dul-
ces exuviae*) an, als wären sie der verlorene Geliebte selbst
(s. Anm. zu 4,492.504), und scheint unmittelbar vor der Selbst-
tötung die Macht des Fatums zu akzeptieren (also gewisserma-
ßen den von Aeneas zur eigenen Rechtfertigung vorgebrachten
»Befehlsnotstand«: s. Anm. zu 4,327.340). Mit der *Gottheit*
dürfte Iuppiter gemeint sein, der dafür sorgt, daß der Inhalt des
Fatums sich erfüllt (s. Anm. zu 3,7 und 4,25).

653 Die Bilanz ihres Lebens zieht Dido im Stil römischer Grab-
inschriften, vgl. z. B. »Ich lebte nach meinem Geschmack, im-

186 · *Anmerkungen*

mer gut, zwar arm, aber redlich ...« (*vixi quod volui, semper bene, pauper, honeste ...: Carm. Lat. Epigr. 991; aus Rom); »Hier bin ich beigesetzt, der stets ohne Laster gelebt, und habe die Bahn, die mir Fortuna beschieden, durchlaufen« (*Hic sum positus, qui semper sine crimine vixi, et quem mi dederat cursum Fortuna peregi:* ebd. 1105; Ostia; vgl. 385 und 814 sowie das Zitat bei Seneca, *Epistulae morales* 12,9). Offensichtlich wurde der Vergilvers gern in metrische Grabinschriften übernommen.

660 Der zweite Teil des Verses, *sic iuvat ire sub umbras,* wird unterschiedlich gedeutet. Der spätantike Kommentator Servius und nach ihm viele andere meinten, Dido habe sich bei diesen Worten das Schwert in den Leib gestoßen; andere vermuten, Dido wolle Umstände sowie Art und Weise ihres Todes als in ihren Augen richtig und gut bezeichnen; unsere Übersetzung betont die Sehnsucht Didos nach dem befreienden Tod, die auch den Rachegedanken unerheblich werden läßt.

661 *sich an diesem Feuer sattsehen:* Der Leser erfährt in den restlichen Versen des Buches nichts vom Entzünden und Niederbrennen des Scheiterhaufens. Erst zu Beginn des 5. Buches heißt es von Aeneas: *Indessen hielt mitten auf dem Meer Aeneas sicher den Kurs mit der Flotte ..., sah dabei auf die Mauern zurück, die aufleuchteten von den Flammen der unglücklichen Elissa* (5,1–4). Das Schauspiel läßt in den Troianern düstere Vorahnungen aufkommen.

663 Zwei Bilder der sterbenden Dido bilden den Rahmen der Schlußszene: der nur angedeutete Todesstoß (663 f.) und ein dreimaliges letztes Aufbäumen in den Armen der Anna (686 bis 692). Wie an zwei früheren Zäsuren in diesem Drama greift *Fama* ins Geschehen ein (vgl. 4,173 ff.296 ff. und Anm. dazu). Ist es vorher *Fama,* die der Königin die Nachricht von der heimlichen Zurüstung der Flotte zuträgt, woraufhin Dido *in orgiastischem Taumel durch die Stadt rast wie eine Mänade* (300 f. *totamque incensa per urbem bacchatur*), so reagiert nun *Fama* auf Didos letzte Handlung und *eilt in wilder Begeisterung durch die erschütterte Stadt* (666 *concussam bacchatur Fama per urbem*).

667 Das letzte Gleichnis des Buches steht zu anderen in mehrfacher Beziehung: die Gleichnisse Dido/Hirschkuh, Dido/Bacchantin, Dido/Pentheus-Orestes (s. Anm. zu 4,69.296.450) schließen

4. Buch 187

sich mit ihm zusammen (also die Gleichnisse 1–4–7); eine Assoziationskette verbindet es mit dem Bergeschen- und dem Eichen-Gleichnis (s. Anm. zu 4,437); zu der Gleichniskette in Buch 4 insgesamt bildet es einen Epilog (vgl. R. Rieks, *Die Gleichnisse Vergils*, S. 1073 f. mit Anm. 185). Der vorliegende Vergleich erinnert auch in der Wortwahl an die Erstürmung des Priamuspalastes beim Untergang Troias: *tief drinnen hallen dumpf die gewölbten Räume vom Wehklagen der Frauen; bis zu den goldenen Sternen dringt das Schreien* (2,487 f. *penitusque cavae plangoribus aedes femineis ululant; ferit aurea sidera clamor*); er wird eingeleitet durch einen Vers, der – um die Lautmalerei zu unterstützen – vor dem viersilbigen Schlußwort *ululatu* einen Hiat (Endvokal von *femineo* und Anfangsvokal von *ululatu* werden nicht verschliffen) aufweist; dieselbe Verbindung am Versende findet sich noch einmal 9,477, um die Klage der Mutter des jungen Euryalus auszumalen, als *Fama* dessen Tod ins Lager der Troianer meldet. Vgl. auch V. Pöschl, *Die Dichtkunst Virgils*, S. 99 f.

672 Annas Klage, die von typischen Gesten der Trauer begleitet wird (673 f.), ist auch Anklage: Die Schwester ist nicht nur persönlich enttäuscht (s. Anm. zu 4,9), sondern macht deutlich, daß Dido in der »Bewältigung« ihres individuellen Unglücks die Verantwortung für das Ganze, ihre Herrscherpflicht, beiseite schob (682 f.), ein Vorwurf, der in bemerkenswertem Kontrast zu Didos Ermutigung durch Anna 4,47–49 und zur Lebensbilanz der Herrscherin Dido steht (655 f.; s. auch Anm. zu 4,548).

693 Das Drama klingt in einer ruhigen Szene aus: *Iuno* schickt der mit dem Tod ringenden Dido die Götterbotin *Iris* (700 f. deren Symbol, der Regenbogen). Nach der 698 f. beschriebenen, sonst nicht eindeutig bezeugten Vorstellung nimmt *Proserpina*, die Gemahlin des Unterweltgottes Pluto, den Sterbenden eine Locke vom Haar und verschafft ihnen damit Eingang ins Totenreich; da Dido eines freiwilligen, unzeitigen Todes starb (696 f.), muß *Iris* helfend eingreifen. Die Locke ist *Dis* (702 f.) geweiht, dem Unterweltgott (= *Dives* »der Reiche«, identisch mit dem griech. *Pluton* bzw. *Plutos* »Reichtum«).

699 Zum *stygischen Orcus* s. Anm. zu 4,635.

Dardaner- und Iulier-Genealogie

Zeus
|
DARDANOS*
|
Erichthonios
|
Tros

Ilos   Assarakos   Ganymedes
|
Laomedon   Kapys
|
Priamos   ANCHISES ∞ APHRODITE/VENUS
|
Hektor   Creusa ∞ AINEIAS ∞ Lavinia
               Aeneas
    ASKANIOS / IULUS   Silvius
     Ascanius

Reges Albani
|
Romulus

Ancus Marcius (rex)

GENS IULIA   Gens Marcia
               (Marcii Reges)

Iulius Caesar ∞ Marcia (Caesars Großmutter)

Aurelia ∞ C. Iulius Caesar (Vater)   Iulia (Caesars Tante)

C. IULIUS CAESAR (Dictator)   Iulia (Schwester) ∞ Atius Balbus

                       ATIA ∞ C. Octavius

C. Octavius Iulius Caesar ← C. OCTAVIUS
AUGUSTUS   (= AUGUSTUS)
(Caesars Adoptivsohn)

Griechischer Mythos

»Römischer Mythos«

Römische Geschichte

Stammbaum 189

DARDANOS (Dardanus),
Ahnherr der Dardaniden/Dardaner (später: Troianer),
  war Autochthon der Landschaft Troas
  oder aus Samothrake (Kreta, Arkadien) dort eingewandert
  oder aus Italien (Latium, Etrurien) zugewandert:
Der letzteren (jungen) Version (Mythenkonstruktion) bedient sich Vergil für die
epische Handlung der *Aeneis*: Sie ermöglicht die für den Erfolg der »Mission« des
Aeneas grundlegende Vorstellung von einer Rückkehr der Troianer (Dardaner)
nach Italien, der Urheimat der Aeneaden (vgl. bes. Aen. 7,239 ff.; 8,36 ff.).

Verzeichnis der Eigennamen

Die Stichwörter des Verzeichnisses folgen dem Originaltext. Geringe Abweichungen von den Namensformen der Übersetzung bleiben unberücksichtigt. Häufig vorkommende bekannte Namen sind nicht aufgenommen. Die Erklärungen bedienen sich der heute üblichen Schreibung (s. dazu S. 135).

ABAS: ein Danaer (3,286), nicht zu verwechseln mit dem Troianer (1,121) bzw. dem Etrusker (10,170.427) gleichen Namens. Vielleicht ist der König von Argos gemeint, der Sohn des Lynkeus und der Hypermnestra.

ACHAEMENIDES: ein Gefährte des Ulixes, der in der Odyssee allerdings nicht erwähnt wird.

ACHATES: Troianer, ständiger Begleiter des Aeneas und als solcher oft mit dem Beiwort *fidus* (›treu‹) ausgezeichnet.

ACHILLES: griechischer Heerführer im Kampf gegen die Troianer; Haupthheld der *Ilias*, Sohn des Peleus und der Nereide Thetis. Vor dem Troiazug versteckte seine Mutter, die um sein Leben fürchtete, auf der Insel Skyros. Hier lebte er, als Mädchen verkleidet, im Palast des Königs Lykomedes, mit dessen Tochter Deidameia er den Neoptolemos zeugte.

ACRAGAS: von Griechen (Dorern) gegründete Stadt an der Südwestküste Siziliens, lat. Agrigentum, heute Agrigento.

ACTIUM: an der Küste von Akarnania, südlich der Einfahrt in den Golf von Ambrakia (heute La Punta am Golf von Arta), war Standort eines Apolloheiligtums. In der Seeschlacht von A. am 2. September 31 wurde die Streitmacht des Antonius und der Kleopatra von der Flotte Octavians besiegt.

ADAMASTUS: Vater des Achaemenides.

AEACIDES: Nachkomme des Aeacus/Aiakos; Name für Achilles und dessen Sohn Pyrrhus/Neoptolemus.

AEAEA: Name der Zauberin Kirke nach ihrem Wohnsitz, der sagenhaften Insel Aiaia. Diese wurde in der Antike unterschiedlich lokalisiert, meist am *Circeius mons* (heute Monte Circeo), einem Kap an der Westküste von Latium, etwa auf halber Strecke zwischen Rom und Neapel.

AEGAEUS: ägäisch, nach Aigai, Ort eines Heiligtums des Neptunus auf Euböa.

Verzeichnis der Eigennamen

191

AENEADAE: die Familie, die Nachkommen des Aeneas; die Gefähr-
ten, die Mannschaft des Aeneas; die Römer. – 3,18 sind die Ein-
wohner der angeblich von Aeneas gegründeten thrakischen Stadt
Aenus/Ainos (heute Enez) gemeint.

AENEAS: Sohn der Venus und des Anchises, s. Stammbaum S. 188.

AETHIOPES: die Bewohner von Aethiopien. 4,481 ist kein bestimm-
tes Volk gemeint (sonst lokalisierte man das Land der A. am süd-
östlichen Rand der Welt, bei den Nubiern oder in Indien), son-
dern an einen fern im Westen gelegenen exotischen Landstrich ge-
dacht.

AETNA: an der Ostküste Siziliens gelegener Vulkan (heute 3279 m
hoch); gilt Vergil als Wohn- und Werkstatt der Kyklopen.

AFRICA: einerseits Bezeichnung für den von den Griechen »Libyen«
genannten Erdteil, andererseits Name der nach dem Fall Kartha-
gos 146 v. Chr. eingerichteten römischen Provinz, die den nord-
östlichen Teil des heutigen Tunesien umfaßte.

AGAMEMNONIUS: Orestes wird 4,471 als »Sohn des Agamemnon«
bezeichnet.

AGATHYRSI: Die Agathyrsen, ein skythischer Volksstamm, lebten in
dem von den Römern »Dacien« genannten Gebiet nördlich des
Unterlaufs der Donau (heute etwa Rumänien und östliches Un-
garn); benannt nach ihrem mythischen Stammvater Agathyrsos,
den Herakles mit einem Mischwesen aus Frau und Schlange ge-
zeugt haben soll.

ALPHEUS: griech. Alpheios, Fluß in Elis auf der Peloponnes, heute
Alphios. Der Mythos sagt, er habe die Nymphe Arethusa aus
Liebe unter dem Meer hindurch verfolgt und sei in Sizilien wie-
der hervorgebrochen.

AMOR: auch CUPIDO, Sohn der Venus und Halbbruder des Aeneas;
römische Entsprechung zum griech. Eros, Personifikation der
Liebe und des sexuellen Begehrens.

ANCHISES: Der Vater des Aeneas war nach Homer Urenkel des Tros
und damit ein Abkömmling des Zeus (s. Stammbaum S. 188).
Aphrodite verliebte sich in ihn, als er auf dem Ida Schafe weidete;
aus ihrer Verbindung ging Aeneas hervor. Nachdem A. sich uner-
laubterweise seiner Affäre mit der Göttin gerühmt hatte, strafte
Zeus ihn mit einem Blitzschlag. Die Irrfahrt der Aeneaden erlebt
A. nur bis zur Landung in Sizilien, wo er stirbt und feierlich be-
stattet wird. Aeneas begegnet seinem Vater noch einmal im Hades
und läßt sich von ihm die Zukunft weissagen.

192   *Verzeichnis der Eigennamen*

ANDROMACHE: Nach dem Untergang Troias nahm der Achillessohn
Pyrrhus/Neoptolemus die Gemahlin Hectors als Sklavin mit.
Später wurde sie die Frau des Priamussohnes Helenus.

ANIUS: Sohn des Apollo, König der Insel Delos und Priester im
dortigen Apolloheiligtum.

ANNA: Schwester der Dido.

ANTANDRUS: Stadt am Adramyttenischen Golf (heute Golf von
Edremit), südlich des mysischen Idagebirges.

APOLLO: Sohn des Iuppiter und der Latona, Bruder der Diana; ins-
besondere für Weissagung, Künste (bes. Musik) und Bogenschie-
ßen zuständig; sein Beiname PHOEBUS (›der Strahlende‹) weist
zudem auf seine Funktion als Sonnengott.

AQUILO: griech. Boreas, Nord-, genau genommen Nord-Nordost-
Wind.

ARCTURUS: Hauptstern im Bild des »Ochsentreibers« (griech. Boo-
tes).

ARETHUSA: Quelle auf der Syrakus vorgelagerten Insel Ortygia/
Nesos. Die Quellnymphe A. floh, so der Mythos, vor den Nach-
stellungen des Flußgottes Alpheios unter dem Meer hindurch
von Elis dorthin.

ARGIVUS: auch ARGOLICUS, griechisch, nach Argos, der Hauptstadt
der Landschaft Argolis im Norden der Peloponnes, der bevor-
zugten Stadt der Göttin Iuno.

ASCANIUS: Sohn des Aeneas und der Creusa, Enkel des Anchi-
ses und der Venus, in der römischen Tradition heißt er Iulus;
s. Stammbaum S. 188.

ASIA: das heutige Kleinasien, bezeichnet das Reich des Priamus,
markiert den Gegensatz zu Europa.

ASTYANAX: Troianer, der Sohn Andromaches und Hektors.

ATLAS: Der Sohn des Iapetos und der Klymene wurde von Perseus
mit Hilfe des Medusenhauptes in das Atlasgebirge verwandelt; er
trägt auf seiner Schulter das Himmelsgewölbe.

AULIS: Hafenstadt in Boiotien, gegenüber von Chalkis auf Euboia.
Von hier liefen die Schiffe der Griechen gegen Troia aus.

AURORA: Göttin der Morgenröte.

AUSONIA: eigtl. »ausonisch« nach den Ausones (= Aurunca, ein ita-
lisches Volk); bezeichnet meist, wie HESPERIA, ganz Italien.

AUSTER: der Südwind.

AVERNUS: Der *Avernus lacus*, ein etwas südlich von Cumae beim

Verzeichnis der Eigennamen 193

Badeort Baiae gelegener Kratersee (heute Lago Averno), galt als Eingang zur Unterwelt.

BACCHUS: griech. Dionysos; Sohn des Iuppiter und der Kadmostochter Semele, wurde von den Römern mit der altitalischen Gottheit Liber identifiziert und als Gott des Weines verehrt. Sein Name steht oft als Metonymie für Wein.

BARCAEI: Mitglieder der punischen Familie Barkas, der u.a. Hamilkar und sein Sohn Hannibal angehörten.

BARCE: Dienerin der Dido, einst Amme des Sychaeus.

BOREAS: Nordwind.

BUTHROTUM: Küstenstadt in Epirus, heute Butrinto (Albanien).

CAMERINA: Stadt an der Südwestküste Siziliens, heute Torre di Camarina.

CASSANDRA: Tochter der Hecuba und des Priamus. Da sie Apollos Liebe nicht erwiderte, wurde sie zwar mit der Gabe der Prophetie beschenkt, aber zugleich damit bestraft, daß ihren Weissagungen niemand glauben wollte.

CAUCASUS: Der Kaukasus, in der Antike als Grenze zwischen Asien und Europa angesehen, galt als besonders unwirtlich.

CAULON: lateinischer Name der von griechischen Siedlern an der Südostküste Bruttiums gegründeten Stadt Kaulonia. Das heutige Caulonia liegt etwas weiter landeinwärts als die antike Siedlung.

CELAENO (›die Dunkle‹): eine der Harpyien.

CERAUNIA: Höhenzug an der Küste von Epirus, heute Monti della Chimera.

CERES: Göttin des Korns (daher oft metonymisch für »Brot«) und des Wachstums; mit Demeter gleichgesetzt.

CHAON: ein Troianer. Nach ihm benannte, so Vergil, der König von Buthrotum und Seher Helenus die Landschaft CHAONIA, heute Canina (Albanien).

CHAOS: die gähnende Leere, das Chaos.

CHARYBDIS: Diesen Strudel in der Straße von Messina (heute Calofaro und La Rema) stellte man sich als Seeungeheuer vor, das zu bestimmten Zeiten das Wasser einsog und wieder ausspie.

CIRCE: auf der Insel Aeaea lebende Zauberin, Tochter des Sol und der Oceanustochter Perse.

CITHAERON: Attika und Boiotien trennendes Gebirge, mit dem sich zahlreiche Kulte und Mythen verbinden.

CLARUS: die kleinasiatische Stadt Klaros südlich von Kolophon mit Tempel und Orakel des Apollo.

194 Verzeichnis der Eigennamen

CNOSIUS: kretisch, nach Knos(s)os, der lat. »Gnosos, Gnosus« oder »Cnosos« genannten bedeutenden Stadt auf Kreta.

COEUS: Der Titan, Sohn des Uranos und der Gaia, ist der Vater der Leto/Latona.

CORYBANTIUS: korybantisch; 3,111 werden die Schallbecken (aera) der Kybele-Priester, der Korybanten, so genannt.

CORYTHUS: So heißt nach ihrem Gründer Korythos, Sohn Iuppiters und Vater des Dardanos, die nördlich des Trasimenischen Sees gelegene Etruskerstadt Cortona.

CUMAE: auf der Höhe von Neapel gelegene griechische Kolonie an der Westküste Italiens, Sitz der Sibylle von C., einer weissagenden Apollopriesterin.

CURETES: hauptsächlich auf Kreta, aber auch auf dem griechischen und kleinasiatischen Festland verehrte Dämonen, die der Sage nach den Zeusknaben vor seinem Vater Kronos schützten; gelegentlich mit den Korybanten identifiziert.

CYBELUS: mythischer Berg in Phrygien, Kultort der Muttergottheit Kybele.

CYCLADES: die Kykladeninseln in der Ägäis.

CYCLOPS: Kyklop. Kyklopen sind (meist als einäugig gedachte) Riesen. Während die homerischen Epen sie in einer ländlich-primitiven Umgebung zeigen, knüpft Vergil an eine andere Tradition an und läßt sie unter der Aufsicht des Vulcanus in unterirdischer Werkstatt die Blitze des Iuppiter schmieden.

CYLLENIUS: der Cyllenier; Beiname des Mercurius nach seinem Geburtsort, dem Cyllenegebirge in Arkadien.

CYNTHUS: Berg auf Delos, wo Apollo und Diana geboren wurden.

CYTHEREA: (Bei-)Name der Venus, zu Cythera, dem Namen einer der Südspitze der Peloponnes vorgelagerten Insel mit einem bedeutenden Venuskult. Der Mythos berichtet, daß Venus hier als »Schaumgeborene« aus dem Wasser stieg.

DANAI: Danaer heißen die Griechen dem Mythos zufolge nach Danaos (Sohn des Ägypters Belos), der sein Land verlassen mußte, nach Griechenland kam und dort Argos gründete.

DARDANUS: Stammvater des troianischen Königshauses, vgl. Stammbaum S. 188. Dazu diverse Ableitungen: DARDANIA: Troia oder Reich der Troianer; DARDANIDES: der Nachkomme des Dardanus, also Aeneas oder der Troianer oder der Begleiter des Aeneas; DARDANIS heißt Creusa, die Frau des Aeneas und Tochter des Priamus; DARDANIUS ist geläufige Bezeichnung für Aeneas,

Verzeichnis der Eigennamen

gelegentlich für Anchises; DARDANIUS und DARDANUS (als Adj.): troianisch.

DELUS: die Ägäis-Insel Delos, Geburtsort des Apollo; Kultort des Gottes und seiner Schwester Diana.

DIANA: Tochter des Iuppiter und der Latona, Schwester des Apollo, häufig auch Trivia (Göttin der Dreiwege) genannt und mit der Unterweltgöttin Hekate identifiziert.

DICTAEUS: kretisch, nach Dicte, einem Berg an der Ostspitze Kretas.

DIDO: Tochter des Belus, Gründerin und Königin Karthagos.

DIRAE: s. Furiae.

DIS: Gott der Unterwelt, römische Entsprechung des griechischen Hades.

DODONA: Ort in Epirus mit bedeutendem Iuppiterkult.

DONUSA: Kykladeninsel östlich von Naxos, heute Denusa.

DREPANUM: Vorgebirge und Hafenstadt an der Nordwestküste Siziliens nahe dem Berg Eryx, heute Trapani.

DRYOPES: in der Doris beheimatetes Volk.

DULICHIUM: Insel im Ionischen Meer.

ELIS: Landschaft an der Westküste der Peloponnes.

ELISSA: phönizischer Name der Dido.

ENCELADUS: von Iuppiter (nach einer anderen Tradition: von Pallas) unter dem Ätna eingekerkerter Gigant.

EOUS: östlich; bezeichnet 3,588 in substantiviertem Gebrauch den aufgehenden Morgenstern.

EPIRUS: Diese gebirgige Landschaft an der Küste des Ionischen Meeres umfaßte etwa das Gebiet des heutigen Albanien.

EREBUS: die ›Finsternis‹, die Unterwelt; auch personifiziert als Kind des Chaos gedacht.

EUMENIDES: Eumeniden (›Wohlwollende‹); euphemistischer Name für die auch als Erinnyen oder Furien bekannten Rachegöttinnen.

FAMA: ein Dämon, Personifikation des Gerüchts.

FORTUNA: Als Gottheit oder wirkende Macht (über Groß- und Kleinschreibung streiten die Fachleute) entspricht sie der griechischen Tyche, jener an keine Regeln gebundenen Macht des Zufalls: Sie ist eine »irrationale Macht, deren Einfluß der Mensch hinnehmen und überwinden muß« (Götte, *Vergil. Aeneis*, S. 614).

FURIAE: rächende Gottheiten der Unterwelt, mit den griechischen Erinnyen oder auch (3,252) den Harpyien identifiziert. Vergil nennt sie auch *Dirae* (›die Gräßlichen‹); vgl. Eumenides.

196   *Verzeichnis der Eigennamen*

GAETULUS: gaetulisch, nach den Gaetulern, einem Volksstamm in Nordafrika, zwischen Atlantik und Kleiner Syrte.

GARAMANTIS: »die Garamantin«; die Nymphe, mit der Hammon den Iarbas zeugte, stammte aus dem Land der Garamanten, die in der mittleren Sahara lebten; ihre Hauptstadt Garama wurde in der Nähe des heutigen Djerma (Libyen) lokalisiert.

GELA: Stadt an der südwestlichen Küste Siziliens, an der Mündung des Flusses Gelas (heute Gela) gelegen.

GETAE: Das Volk der Geten bewohnte ein Gebiet an den nordwestlichen Küsten des Schwarzen Meeres, das Teile des heutigen Rumänien, Bulgarien und der Ukraine umfaßt; dazu GETICUS: getisch, der Geten.

GNOSUS: s. Cnosius.

GRADIVUS: Beiname des Mars.

GRAI: die Griechen.

GRYNEUS: Beiname des Apollo, nach seiner Kult- und Orakelstätte Grynium/Gryneion, einer äolischen Stadt am Golf von Elaia, heute Tschifutkaleh (Türkei).

GYARUS: südwestlich von Andros gelegene kleinere Kykladeninsel, heute Gyaros.

HAMMON: Die auch unter dem Namen Ammon bekannte Gottheit wurde als Hauptgottheit Thebens in Ägypten, aber auch von den Griechen als Zeus–Ammon verehrt; die Römer identifizierten ihn mit Iuppiter.

HARPYIAE: vogelähnliche weibliche Wesen, ursprünglich Windgeister, die man als »die Raffenden« für das Verschwinden von Menschen und Dingen verantwortlich machte; können auch den Charakter von strafenden Dämonen haben und stehen so in enger Verbindung zu den Erinnyen/Furien.

HECATE: von Homer nicht genannte chthonische Göttin. Hesiod stellt sie als mächtige Herrscherin dar, die in vielem der Diana gleicht. Vergil schildert sie vornehmlich als dreigesichtige Göttin der Zauberkunst und Herrin der Unterwelt, die an Wegkreuzungen verehrt wurde.

HECTOR: Sohn des Priamus und der Hecuba, stärkster Kämpfer der Troianer; wird von Achilleus getötet.

HELENUS: Sohn des Priamus und der Hecuba, wie seine Zwillingsschwester Cassandra seherisch begabt; heiratete nach der Zerstörung Troias Hectors Witwe Andromache und gründete die Stadt Buthrotum.

Verzeichnis der Eigennamen 197

HELORUS: Fluß im Südosten Siziliens, heute Tellaro. An seiner Mündung lag in der Antike eine Stadt gleichen Namens.

HERMIONE: Menelaos gab seine und der Helena Tochter H. dem Neoptolemus zur Frau, obwohl sie bereits dem Orestes versprochen war. Dieser nahm Rache und tötete Neoptolemus.

HESPERIA: Die Verheißung neuer Wohnsitze in einem Land im Westen (»Abendland«) wird Aeneas vom Untergang Troias an mehrfach zuteil (z. B. 2,289–295.780–782). Hesperien, Italien und Ausonien sind gleichbedeutende Zielangaben in der auf Apollos Geheiß ausgesprochenen Weisung der Penaten (3,163–171); Ausonien, Hesperien, dazu den Tiber nennt Aeneas selbst beim Abschied von Helenus (3,495–505).

HESPERIDES: In ihrem weit im Westen gelegenen Garten hüteten diese Nymphen einen Baum mit goldenen Äpfeln, die Herakles im Auftrag des Eurystheus raubte.

HIEMS: als göttlich gedachte Personifikation des Sturmes.

HORAE: Göttinnen des Wachstums und Verkörperungen der Jahreszeiten.

HYADES: sieben Sterne im Bild des Stiers. Ihr Name wird als »Regensterne« gedeutet: der Frühuntergang der Hyaden im November bezeichnet den Beginn der Regenzeit.

HYRCANUS: hyrkanisch, nach dem Volk der Hyrkaner, das an der südöstlichen Küste des Kaspischen Meeres lebte, also etwa im Norden des heutigen Iran.

IARBAS: König der Gaetuler, Sohn des Gottes Hammon, warb vergeblich um Didos Gunst.

IASIUS: An die Gestalt des Iasion oder Iasios knüpfen sich verschiedene griechische Mythen: Er ist Sohn oder – über den Tyrrhenerkönig Korythos – Enkel des Zeus, Geliebter der Demeter oder Gemahl der Kybele. Für Vergil ist er mit seinem Bruder Dardanus italischer Urahn der Troianer.

IDA: das Idagebirge in Phrygien, unweit von Troia; nicht zu verwechseln mit dem kretischen Ida.

IDA: auf Kreta; in einer Höhle dieses Gebirges in Mittelkreta (oder der Dikte im Osten der Insel) soll Iuppiter aufgezogen worden sein.

IDOMENEUS: Sohn des Deukalion und Enkel des Minos, der als König von Kreta (nach der kretischen Stadt Lyktos nennt Vergil ihn auch »Lyctius«) ein großes Truppenkontingent in den Krieg ge-

198   *Verzeichnis der Eigennamen*

gen Troia führte. Nach dem Krieg ließ er sich, aus seiner Heimat vertrieben, in Kalabrien nieder.

ILIUM: Troia, benannt nach dem Gründer Ilos, dem Ahnherrn der Priamoslinie des troianischen Königshauses; dazu ILIUS, ILIACUS: troianisch; ILIADES: Frauen von I., Troia.

IONIUM: das Ionische Meer.

IRIS: Schwester der Harpyien, Götterbotin; ihr Symbol ist der Regenbogen.

ITHACA: Insel vor der Westküste Griechenlands, Heimat des Odysseus/Ulixes.

IULUS: s. Ascanius.

IUNO: die mit der griechischen Hera identifizierte I., als Tochter des Saturnus auch »Saturnia« genannt, Gattin ihres Bruders Iuppiter; Hauptgegnerin des Aeneas.

IUPPITER: Sohn des Saturnus und der Rhea, Gatte seiner Schwester Iuno; Himmels-, Wetter- und Lichtgottheit; als Vater der Götter genießt er unter ihnen höchste Autorität.

KARTHAGO: Lage nordöstlich des heutigen Tunis, vermutlich im 9./8. Jh. von Siedlern aus Tyrus, einer bedeutenden Stadt Phöniziens, gegründet; daher »tyrisch« meist »karthagisch«; Stadt der Königin Dido, bevorzugter Kultort der Göttin Iuno.

LACEDAEMONIUS: spartanisch. Die Hochzeit des Pyrrhus und der Hermione (3,328) fand in Sparta statt.

LACINIA: Name der Iuno nach dem südlich der Stadt Kroton am Golf von Tarent gelegenen Vorgebirge Lacinium (heute Capo Colonne), wo ihr ein Tempel errichtet war.

LAERTIUS: *regna Laertia* (›Reich des Laertes‹) ist eine Umschreibung für die Insel Ithaka; Laertes ist der Vater des Odysseus.

LAOMEDONTEUS: *gens Laomedontea* (›Laomedonvolk‹) heißen die Troianer nach dem Sohn des Stadtgründers Ilos. König Laomedon hat, so der griechische Mythos, Poseidon und Apollon um ihren Lohn für den Bau der Mauern Troias betrogen; Priamos und das ganze troianische Königshaus ist in diese Schuld verstrickt.

LATIUM: Landschaft zwischen dem Mündungsgebiet des Tiber (mit Rom) und Campanien, das den Aeneaden für ein neues Troia verheißene Land.

LAVINIUM: Stadt in Latium, südwestlich von Rom, der Sage nach Gründung des Aeneas; dazu LAVINIUS: lavinisch, von Lavinium.

Verzeichnis der Eigennamen

LEDAEA: Adjektiv zu »Leda«, auf Hermione bezogen (3,328), deren Großmutter Leda als Mutter der Helena ist.

LENAEUS: Beiname des Bacchus: »Keltergott« (vom griech. Wort für Kelter).

LEUCATE: auch Leucatas oder Leucates; Vorgebirge an der Südspitze der vor der griechischen Westküste gelegenen Insel Leukas, berühmt durch sein Apolloheiligtum.

LIBYA: L. (Afrika) bezeichnet in der *Aeneis* das Gebiet von Karthago; dazu LIBYCUS: libysch, karthagisch.

LILYBEIUS: Adjektiv zu LILYBAEUM, der Westspitze Siziliens und gleichzeitig der dort von Karthagern gegründeten, ab 241 v. Chr. römischen Stadt (heute Marsala).

LOCRI: die Lokrer, Bewohner der mittelgriechischen Landschaft Lokris (nach Vergil *Narycii Locri*, aus der Stadt Naryx), gründeten im Südosten von Bruttium die Küstenstadt L. Das heutige L. liegt etwas nordöstlich.

LYAEUS: Beiname des Bacchus (»Sorgenlöser«).

LYCIA: Landschaft an der Südwestküste Kleinasiens.

LYCTUS: s. Idomeneus.

LYCURGUS: mythischer König in Thrakien.

MAEONIUS: maeonisch. Maeonien ist das alte Siedlungsgebiet der Lyder; das Adjektiv kann »lydisch«, aber auch »phrygisch« bedeuten.

MANES: auch als *di manes* bezeichnete Geister der Verstorbenen; halten sich in der Unterwelt auf.

MASSYLUS: massylisch. Die Massyler, ein nordafrikanisches Volk, hatten ihre Gebiete westlich von Karthago in Numidien. In der Dichtung steht *massylisch* mehrfach für »afrikanisch«.

MAURUSIUS: mauretanisch; von Dichtern meist als Synonym für »afrikanisch« gebraucht.

MAVORTIUS: zu Mavors (= Mars) gehörig.

MEGARUS SINUS: die »Bucht von Megara«, einer nördlich von Syrakus gelegenen Stadt an der sizilischen Ostküste.

MELIBOEUS: *dux Meliboeus* (›Anführer von Meliboea‹) heißt Philoctetes 3,401 nach Il. 2,717, wo er als Befehlshaber des Truppenkontingents aus der thessalischen Stadt erscheint.

MERCURIUS: in griechischer Mythologie Hermes, Sohn des Iuppiter und dessen Bote; seine wichtigsten Attribute sind die geflügelte Kappe mit breitem Rand, der von zwei Schlangen gekrönte Heroldsstab, die mit Flügeln besetzten Sandalen.

200   *Verzeichnis der Eigennamen*

MINERVA: Pallas (s. dort) Athene.

MISENUS: Troer, Hornbläser im Gefolge Hectors, nach dessen Tod bei Aeneas; wird von Triton bei einem musikalischen Wettstreit ertränkt.

MNESTHEUS: Troianer, Gefährte des Aeneas. Von ihm leitete sich in der späten Republik die Familie der Memmier her.

MYCONUS: Kykladeninsel.

NARYX: s. Locri.

NAXUS: die größte der Kykladeninseln, berühmt als Kultort des Bacchus.

NEOPTOLEMUS: s. Pyrrhus.

NEPTUNUS: urspr. wohl eine italische Gewässergottheit, durch Identifikation mit dem griechischen Poseidon Hauptgott der Meere; wie Iuppiter und Iuno ein Sohn des Saturnus. N. gehört in der *Aeneis* zu den göttlichen Mächten, die dem Fatum, also der auf Rom gerichteten Mission des Aeneas, zum Ziel verhelfen.

NEREIDES: Meernymphen; die fünfzig Töchter des Meergottes Nereus und der Oceanustochter Doris.

NERITUS: entweder Name eines Berges auf oder einer Insel bei Ithaka.

NOMADES: die Nomaden Nordafrikas; kann bei Vergil auch das Volk der Numider (s. dort) bezeichnen.

NOTUS: Südwind.

NOX: Personifikation der Nacht, als Kind des Chaos gedachte Gottheit.

NUMIDAE: Numider, Nachbarn der Gaetuler; lebten westlich von Karthago, etwa auf dem Gebiet des heutigen Nordalgerien.

NYMPHAE: Nymphen, Naturgottheiten, die auf Bergen und Bäumen, in Höhlen und Gewässern wohnen.

OCEANUS: der sagenhafte große, die Erde umschließende Strom.

OENOTRI: Oenotrier, Bewohner von Oenotria, dem südöstlichen Teil Italiens; kann auch ganz Italien bzw. dessen Bewohner bezeichnen.

OLEARUS: westlich von Paros gelegene kleinere Kykladeninsel, heute Antiparos.

OLYMPUS: Name des höchsten Berges Griechenlands; bezeichnet bei Vergil meist den Himmel als Wohnsitz der Götter.

ORCUS: das Reich der Toten oder, personifiziert, dessen Gott.

ORESTES: Nachdem O. seine Mutter Klytaimnestra und deren Liebhaber Aigisthos getötet hatte, um den Mord an seinem Vater

Verzeichnis der Eigennamen

Agamemnon zu rächen, wurde er von den Eumeniden mit Wahnsinn gestraft.

ORION: Der Untergang des Sternbildes O. im Herbst kündigte regnerisches, stürmisches Wetter und damit das Ende der Schifffahrtssaison an.

ORTYGIA: urspr. nicht lokalisierbarer Geburtsort der Diana, später mit der Insel Delos identifiziert. Als Kultort der Diana trägt auch die kleine Insel Nesos vor Syrakus den Namen O.

PACHYNUM: antiker Name des Capo Passero, der Südspitze Siziliens.

PALINURUS: Troianer, Steuermann des Aeneas, über Bord gegangen und von Lucanern getötet. Der Ort nahe Velia, wo Aeneas ihn bestattete, erhielt den Namen Kap P. (heute Capo Palinuro).

PALLAS: Beiname der Athene/Minerva. Pallas Athene war eine gemeingriechische, also nicht auf Athen oder Attika beschränkte Göttin; als ihre Hauptfunktion galt der Schutz der Stadt, die Schirmherrschaft über alle städtische Kultur (Athena Polias).

PANTAGIAS: heute »fiume Porcheria« genannter kleinerer Fluß an Siziliens Ostküste.

PARCAE: Schicksalsgöttinnen; sie spinnen den Lebensfaden des Menschen, bestimmen damit sein Lebenslos. Dreizahl wie bei den ihnen z. T. entsprechenden griechischen Moiren und den germanischen Nornen.

PARIS: Sohn des Priamus und der Hecuba; entführte Helena und löste damit den Troianischen Krieg aus; tötete Achilleus mit einem (allerdings von Apollo gelenkten) Pfeil. P. ist Inbegriff des »weichlichen Phrygers«.

PARUS: auch PAROS; für ihre Marmorvorkommen berühmte Kykladeninsel.

PELORUS: Capo Peloro, nordöstliche Spitze Siziliens an der Straße von Messina.

PENTHEUS: mythischer König von Theben; versuchte, dem Bacchuskult entgegenzutreten, wurde aber, als er auf Geheiß des Gottes die Mänaden belauschte, von diesen entdeckt, für ein wildes Tier gehalten und getötet.

PERGAMA/PERGAMUM: Name der Burg von Troia, steht für Troia allgemein und für die überlebenden Troianer, bezeichnet auch troianische Neugründungen in Epirus und auf Kreta; Adjektiv: PERGAMEUS.

202   *Verzeichnis der Eigennamen*

PETELIA: angeblich von Philoctetes gegründete griechische Stadt in Bruttium, nördlich von Kroton.

PHAEACES: reiches und kulturell hoch entwickeltes mythisches Volk, in der Odyssee auf der Insel Scheria ansässig, später auf Kerkyra (Korfu) vermutet.

PHILOCTETES: aus Magnesia; entzündete den Scheiterhaufen des Herakles und erhielt zum Dank dessen Bogen und Pfeile. Als einer der Freier um Helena schloß er sich dem Zug gegen Troia an, wurde aber wegen eines nicht heilenden Schlangenbisses auf Lemnos zurückgelassen und erst zehn Jahre später zurückgeholt. Er tötete Paris.

PHINEUS: thrakischer König und Seher, der von den Göttern für den Mißbrauch seiner prophetischen Gabe mit Blindheit und Heimsuchung durch die Harpyien bestraft wird.

PHOEBUS: Beiname des Apollo.

PHOENISSA: die Phoenicerin, bezeichnet Königin Dido nach ihrer Abstammung.

PHRYGIA: von den PHRYGES bewohnte Landschaft in der Westhälfte der kleinasiatischen Halbinsel, Teil des Priamus-Reiches; PHRYGIUS: phrygisch, troianisch.

PLEMYRIUM: heute Punta di Gigante, Vorgebirge südlich von Syrakus, bildete mit der Insel Ortygia die Einfahrt zum Großen Hafen der Stadt.

POENI: die Punier, Karthager.

POLYDORUS: Priamus schickte seinen jüngsten Sohn P. aus Angst um dessen Leben nach Thrakien zu seinem Schwiegersohn Polymestor, von dem er aus Geldgier ermordet wurde.

POLYPHEMUS: Kyklop, Sohn des Neptunus. Odysseus und seine Gefährten fielen in seine Hände und befreiten sich aus der Gefangenschaft, indem sie den menschenfressenden Riesen blendeten.

PRIAMUS: Sohn des Laomedon, Herrscher von Troia; dazu PRIAMEIUS: des P., PRIAMIDES: Sohn des P.

PROSERPINA: Tochter des Iuppiter und der Ceres; Gattin des Pluto und als solche Herrscherin der Unterwelt.

PUNICUS: punisch, karthagisch.

PYGMALION: Bruder der Dido, der seinem Vater als alleiniger König von Tyrus nachfolgte, obwohl das Testament die Herrschaft ihm und Dido zu gleichen Teilen zusprach; ermordete Didos Gatten Sychaeus und trieb so die Schwester und deren treue Anhänger zur Flucht nach dem Westen.

Verzeichnis der Eigennamen

PYRRHUS: Sohn des Achilles, später »Neoptolemus« genannt; erhielt nach dem Tod seines Vaters dessen Rüstung von Odysseus (s. Ulixes) und setzte das Morden fort. Bei der Eroberung Troias spielte er eine Hauptrolle: Er ließ sich ins hölzerne Pferd einschließen, tötete mitleidlos den greisen Priamus und reklamierte Andromache als Kriegsbeute.

RHOETEUS: troianisch. Die »Küste von Rhoeteum« bezeichnet den Südeingang des Hellespont.

SALLENTINI CAMPI: »Sallentinische Gefilde« heißt die süditalische Landschaft Kalabrien nach ihren Bewohnern, den Sallentinern, angeblich unter dem Kreter Idomeneus dort eingewanderten Kretern, Illyrern und Lokrern.

SAME: Insel vor der Westküste Griechenlands, heute Kephallenia.

SATURNUS: gleichgesetzt mit griech. Kronos; wurde von Iuppiter aus dem Olymp vertrieben und begründete in Latium das Goldene Zeitalter; dazu SATURNIUS: des S., und vor allem SATURNIA: Tochter des S. = Iuno.

SCAEAE PORTAE: Das »skäische Tor«, Haupttor des homerischen Troia, wird an der Süd- oder Nordwestseite der Stadt vermutet.

SCYLACEUM: an Bruttiums Ostküste auf halber Strecke zwischen Kroton und Kaulon gelegene Stadt, von Griechen gegründet und »Skylletion« oder »Skylakion« genannt (heute Squillace).

SCYLLA: in der Straße von Messina lauerndes Meeresungeheuer.

SELINUS: von Griechen gegründete Stadt an der Westküste Siziliens, an der Mündung des gleichnamigen Flusses.

SERESTUS: Troianer, wiederholt genannter Gefährte des Aeneas.

SERGESTUS: Troianer, wiederholt genannter Gefährte des Aeneas, auf den sich später die römische Familie der Sergii zurückführte.

SIBYLLA: Bezeichnung für verschiedene weissagende Frauen. 3,452 ist die Sibylle von Cumae gemeint, deren Namen Vergil an anderer Stelle (6,36) nennt: Deiphobe, Tochter des Glaucus.

SICANIUS: sikanisch, sizilisch. Die Insel Sizilien nennt Vergil auch »Sicania«, nach ihren angeblichen Ureinwohnern, den Sikanern; vgl. auch Trinacria.

SICULUS: sizilisch.

SIDON: Tyrus, die Mutterstadt Karthagos, gilt als Kolonie von S. Unterschiedslos werden beide Städtenamen zur Bezeichnung von karthagischen Personen und Einrichtungen verwendet. SIDONIUS: von S., karthagisch; besonders SIDONIA: Frau von S., Karthagerin, Dido.

204 *Verzeichnis der Eigennamen*

SIMOIS: Nebenfluß des Skamandros/Xanthus in der Ebene von Troia; wird 3,302 auf einen Fluß in Epirus übertragen.

SIRIUS: Stern im Großen Hund, Bild für extreme Sommerhitze.

SOL: römischer Name des griechischen Sonnengottes Helios.

STROPHADES: im Altertum unbewohntes Inselpaar südlich von Zakynthos, heute Strophadia. Der Name bedeutet »Umkehr-Inseln«: Dem Mythos nach machten die Söhne des Boreas, die Zwillinge Kalaïs und Zetes, auf ihrer Jagd nach den Harpyien an dieser Stelle kehrt.

STYGIUS: stygisch, unterweltlich; nach dem Styx, einem Strom im Totenreich.

SYCHAEUS: Ehemann der Dido, der von ihrem Bruder Pygmalion ermordet wurde.

SYRTIS: Syrte, Name zweier großer Buchten östlich von Karthago, an der Küste des heutigen Libyen. Die Kleine S. (heute Golf von Gabes) und die im Osten sich anschließende Große S. (heute Golf von Bengasi) waren in der Antike wegen ihrer Strömungen und Untiefen gefürchtet.

TARENTUM: bedeutende Handelsstadt an der Westküste Kalabriens, griech. Taras, heute Taranto. Hier soll es bereits vor der griechischen Besiedelung Süditaliens eine Stadt gegeben haben; dem Mythos nach wurde sie von einem Sohn des Neptunus namens »Taras« gegründet.

TARTARA: der TARTARUS, tief unter der Erde gelegener Teil des Kosmos; das Reich der Toten.

TELLUS: griech. Gaia, Urgöttin und Spenderin von Fruchtbarkeit, möglicherweise auch Schützerin der Ehe; später als *Terra mater* (›Mutter Erde‹) verehrt.

TERRA: s. Tellus.

TEUCER: ältester König von Troia, Schwiegervater des Dardanus und damit Vorfahr des Aeneas. Nach ihm heißen die Troianer TEUCRI, ihr Land TEUCRIA; TEUCRUS: troianisch. – Von dem Troianer T. zu unterscheiden ist der Grieche gleichen Namens, der Gründer von Salamis auf Zypern (vgl. 1,619).

THAPSUS: zeitweise von Griechen besiedelte Halbinsel in der Bucht von Megara an der Ostküste Siziliens, heute Magnisi.

THEBAE: Hauptstadt von Boiotien mit bedeutendem Bacchuskult.

THRACES: Thraker; Bewohner der nordgriechischen Landschaft Thrakien (zwischen der nördlichen Ägäis und dem Schwarzen Meer, also etwa auf dem Gebiet des heutigen Bulgarien).

Verzeichnis der Eigennamen

THYBRIS: der Fluß Tiber (lat. TIBERIS), so benannt nach einem altitalischen König.

THYIAS: »Thyiaden« ist eine Bezeichnung für im Kult des Bacchus engagierte Frauen (Bacchantinnen, Maenaden).

THYMBRAEUS: Beiname des Apollo nach seinem Kultort Thymbra am Ufer des Thymbrios, eines Nebenflusses des Skamander in der Troas.

TITAN: Name für den Sonnengott Sol als Sohn des Titanen Hyperion.

TITHONUS: Sohn des Troianerkönigs Laomedon, Bruder des Priamos, Gemahl der Aurora, der Göttin der Morgenröte. Auf deren Wunsch verlieh ihm Iuppiter Unsterblichkeit, doch leider nicht ewige Jugend.

TRINACRIA: Sizilien, die »dreispitzige« Insel; dazu TRINACRIUS: sizilisch, Siziliens.

TRIONES: Mit den »Dreschochsen« sind die Sternbilder des Großen und Kleinen Bären gemeint.

TROIA: Name für die Stadt, das Herrschaftsgebiet des Priamus und dessen Bewohner; dazu TROIANUS: Troianer, adjektivisch ebenso wie TROIUS: troianisch; ferner TROIUGENA: von Troia stammend.

TYRUS: phönizische Hafenstadt, von der aus Karthago (s. d.) gegründet sein soll; dazu TYRIUS: der Bewohner von T., aber auch der Karthager, adjektivisch = karthagisch.

ULIXES: griech. Odysseus; bei Homer näher bezeichnet durch die Beiwörter »vielgewandt, listenreich, vielduldend«, »göttlich«, erscheint bei Vergil als Inbegriff griechischer Verschlagenheit und Grausamkeit.

VENUS: griech. Aphrodite; Mutter des Aeneas (s. Stammbaum S. 188) und des Amor/Cupido.

XANTHUS: der auf dem Idagebirge entspringende Fluß, von Vergil (nach Hom. Il. 20,74) immer »Xanthus« genannt; wird wie sein Nebenfluß Simois symbolhaft verwendet.

ZACYNTHUS: vor der Westküste der Peloponnes gelegene Insel im Ionischen Meer.

ZEPHYRI: Westwinde.

Zeittafel

Zeit	Vergil	Politik Literatur Kunst
v. Chr.		
15.10.70	Geburt Vergils in Mantua oder Umgebung	
65		Geburt des Horaz
63		Geburt des Augustus Ciceros Konsulat
um 54	Rhetorikstudium Mailand	
ab 53	Studienaufenthalt Rom Philosophiestudien Neapel	
um 50		Geburt des Properz Geburt des Tibull
49–46		Bürgerkrieg
48		Caesars Sieg bei Pharsalus
46–44		Caesars Diktatur
15. 3. 44		Caesars Ermordung
43		Triumvirat Antonius – Octavianus – Lepidus Geburt Ovids

Zeittafel

ab 42	*Eklogen*	Landenteignungen Oberitalien
um 40		Laokoon-Gruppe
um 39	Aufnahme in den Kreis des Maecenas	
ab 37	*Georgica*	Horaz im Kreis des Maecenas
um 35		Horaz, *Satiren* I
31		Sieg Octavians bei Actium über Antonius und Kleopatra
30		Horaz, *Epoden* und *Satiren* II (Publikation)
29	*Georgica* abgeschlossen Beginn der Arbeiten an der *Aeneis*	Dreifacher Triumph Octavians
28		Wiederherstellung im Bürgerkrieg zerstörter Tempel Apollotempel auf dem Palatin Properz, *Elegien* I
27		Augustus Princeps Tibull, *Elegien* I
25		Properz, *Elegien* II Pantheon (?)

23		Horaz, *Carmina* I–III Tod des Marcellus
nach 23		Properz, *Elegien* III
ab 20		Ovid, *Amores* (1. Ausgabe)
21. 9. 19	Tod Vergils in Brundisium	
19	Publikation der *Aeneis* durch Varius und Plotius Tucca	Tod des Tibull (?)
17		Säkularfeier des Augustus
9		Weihung der Ara Pacis Augustae
8		Tod des Horaz Tod des Maecenas
2		Augustus Pater Patriae
n. Chr. 19. 8. 14		Tod des Augustus in Nola

Literaturhinweise

1. Vergil: Leben und Gesamtwerk

Büchner, K.: P. Vergilius Maro: Der Dichter der Römer. In: Paulys Realencyclopädie der classischen Altertumswissenschaft. Bd. 8 A. Stuttgart 1955. Sp. 1021–1486. [Sonderdruck Stuttgart 1959.]

Giebel, M.: Vergil. Reinbek bei Hamburg 1986. (rororo-Bildmonographien. 353.)

Glei, R. F.: Der Vater der Dinge. Interpretationen zur politischen, literarischen und kulturellen Dimension des Krieges bei Vergil. Trier 1991.

Grimal, P.: Vergil. Biographie. Zürich/München 1987.

Klingner, F.: Virgil. Bucolica, Georgica, Aeneis. Zürich/Stuttgart 1967.

Perret, J.: Virgile, l'homme et l'œuvre. Paris 1952.

Rieks, R.: Vergils Dichtung als Zeugnis und Deutung der römischen Geschichte. In: Aufstieg und Niedergang der römischen Welt. Hrsg. von H. Temporini und W. Haase. Bd. II,31,2. Berlin / New York 1981. S. 728–868.

Rieks, R.: Die Gleichnisse Vergils. In: Aufstieg und Niedergang der römischen Welt. Hrsg. von H. Temporini und W. Haase. Bd. II,32,2. Berlin / New York 1981. S. 1011–1110.

2. Zur *Aeneis* allgemein

Albrecht, M. von: Vergils Geschichtsauffassung in der »Heldenschau«. In: Wiener Studien 80 (1967) S. 156–182.

Berres, Th.: Die Entstehung der *Aeneis*. Wiesbaden 1982.

Binder, G.: Aeneas und Augustus. Interpretationen zum 8. Buch der *Aeneis*. Meisenheim a. Gl. 1971.

Binder, G.: Aitiologische Erzählung und augusteisches Programm in Vergils *Aeneis*. In: G. B. (Hrsg.): Saeculum Augustum. Bd. 2. Darmstadt 1988. S. 255–287.

Brisson, J. P.: Le ›pieux Énée‹. In: Latomus 31 (1972) S. 379–412.

Buchheit, V.: Vergil über die Sendung Roms. Heidelberg 1963.

210 *Literaturhinweise*

Buchheit, V.: Von der Entstehung der *Aeneis*. In: Nachrichten der
Gießener Hochschulgesellschaft 33 (1964) S. 131–143.

Buchheit, V.: Vergilische Geschichtsdeutung. In: Grazer Beiträge 1
(1973) S. 23–50.

Camps, W. A.: An introduction to Virgil's *Aeneid*. Oxford 1969.

Constans, L.-A.: L'Énéide de Virgile. Paris 1930.

Effe, B.: Epische Objektivität und auktoriales Erzählen. Zur Entfal-
tung emotionaler Subjektivität in Vergils *Aeneis*. In: Gymnasium
90 (1983) S. 171–186.

Grassmann-Fischer, B.: Die Prodigien in Vergils *Aeneis*. München
1966.

Heinze, R.: Virgils epische Technik. Leipzig/Berlin ³1915. Neuaufl.
Darmstadt 1957 [u. ö.].

Knauer, G. N.: Die *Aeneis* und Homer. Studien zur poetischen
Technik Vergils. Göttingen 1964. ²1979.

Koch, K.-D.: Die *Aeneis* als Opernsujet. Konstanz 1990.

Kühn, W.: Götterszenen bei Vergil. Heidelberg 1971.

Lehr, H.: Religion und Kult in Vergils *Aeneis*. Diss. Gießen 1933.
Gießen 1934.

Lenz, F. W.: The incomplete verses in Vergil's *Aeneid*. In: H. Bar-
don / R. Verdière (Hrsg.): Vergiliana. Leiden 1971. S. 158–174.

Mehmel, F.: Virgil und Apollonius Rhodius. Untersuchungen über
die Zeitvorstellung in der antiken epischen Erzählung. Hamburg
1940.

Otis, B.: Virgil. A Study in Civilized Poetry. Oxford 1963.

Pöschl, V.: Die Dichtkunst Virgils. Bild und Symbol in der *Aeneis*.
Berlin / New York ³1977.

Pötscher, W.: Vergil und die göttlichen Mächte. Hildesheim 1977.

Rieks, R.: Die Tränen des Helden. In: Silvae. Fs. E. Zinn. Tübingen
1970. S. 183–198.

Rieks, R.: Affekte und Strukturen. Pathos als ein Form- und Wirk-
prinzip von Vergils *Aeneis*. München 1989.

Steiner, H. R.: Der Traum in der *Aeneis*. Bern/Stuttgart 1952.

Suerbaum, W.: Hundert Jahre Vergil-Forschung: Eine systemati-
sche Arbeitsbibliographie mit besonderer Berücksichtigung der
Aeneis. In: Aufstieg und Niedergang der römischen Welt. Hrsg.
von H. Temporini und W. Haase. Bd. II,31,1. Berlin / New York
1980. S. 3–358.

Unte, W.: Die Gestalt Apollos im Handlungsablauf von Vergils
Aeneis. In: Gymnasium 101 (1994) S. 204–257.

Literaturhinweise

Weber, Th.: Fidus Achates. Der Gefährte des Aeneas in Vergils *Aeneis*. Frankfurt a. M. 1988.

Wlosok, A.: Die Göttin Venus in Vergils *Aeneis*. Heidelberg 1967.

Wlosok, A.: Zur Funktion des Helden in Vergils *Aeneis*. In: Klio 67 (1985) S. 216–223.

Worstbrock, F. J.: Elemente einer Poetik der *Aeneis*. Untersuchungen zum Gattungsstil vergilianischer Epik. Münster 1963.

3. *Aeneis*, Buch 3 und 4

Binder, G.: Vom Mythos zur Ideologie. Rom und seine Geschichte vor und bei Vergil. In: Mythos. Bochumer Altertumswissenschaftliches Colloquium BAC 2. Trier 1990. S. 137–161.

Ehlers, W.: Die Gründungsprodigien von Lavinium und Alba Longa. In: Museum Helveticum 6 (1949) S. 166–175.

Galinsky, G. K.: s. Abschnitt 6.

Grassmann-Fischer, B.: s. Abschnitt 2.

Hofmann, H.: Die Geburt Amerikas aus dem Geist der Antike. In: International Journal of the Classical Tradition 1,4 (1955) S. 15 bis 47.

Hross, H.: Die Klagen der verlassenen Heroiden in der lateinischen Dichtung. Diss. München 1958.

Jens, W.: Der Eingang des dritten Buches der *Aeneis*. In: Philologus 97 (1948) S. 194–197.

Koch, K.-D.: s. Abschnitt 2.

Lefèvre, E.: Aeneas' Antwort an Dido. In: Wiener Studien N. F. 8 (1974) S. 99–115.

Leube, E.: Fortuna in Karthago. Die Aeneas-Dido-Mythe Vergils in den romanischen Literaturen vom 14. bis zum 16. Jahrhundert. Heidelberg 1969.

Lieberg, G.: La dea Giunone nell'Eneide di Virgilio. In: Atene e Roma 11 (1966) S. 145–165.

Lloyd, R. B.: Aeneid III. A new approach. In: American Journal of Philology 78 (1957) S. 133–151.

Lloyd, R. B.: Aeneid III and the Aeneas legend. In: American Journal of Philology 78 (1957) S. 382–400.

Martin, R.: Énée et Didon. Naissance, fonctionnement et survie d'un mythe. Paris 1990.

Mehmel, F.: s. Abschnitt 2.

212   *Literaturhinweise*

Monti, R.C.: The Dido episode and the *Aeneis*. Roman social and political values in the epic. Leiden 1981. [Vgl. dazu A.Wlosok in: Gnomon 59, 1987, S.106–110.]

Pöschl, V.: Dido und Aeneas. In: Festschrift K.Vretska. Heidelberg 1970.

Primmer, A.: Das Tischprodigium im Rahmen der *Aeneis*. In: Wiener Studien 108 (1995) S.397–416.

Schmitz, A.: Infelix Dido. Etude esthétique et psychologique du livre IV de l'Énéide de Virgile. Gembloux 1960.

Scholz, U. W.: Eine Vergilszene im Lichte der Forschung: Aen. 4,238 ff. In: Würzburger Jahrbücher N. F. 1 (1975) S.125–136.

Seel, O.: Vergil und die Schuld des Helden. In: O.S.: Verschlüsselte Gegenwart. Stuttgart 1972. S.95–110.

Thaler, O.: Die Stellung des Irrfahrtenbuches in Vergils *Aeneis*. Diss. München 1937.

Williams, R. D.: Virgil and the Odyssey. In: Phoenix 17 (1963) S.266–274.

Wlosok, A.: Vergils Didotragödie. Ein Beitrag zum Problem des Tragischen in der *Aeneis*. In: Studien zum antiken Epos. Meisenheim a. Gl. 1976. S.228–250.

Wlosok, A.: Der Held als Ärgernis: Vergils Aeneas. In: Würzburger Jahrbücher N. F. 8 (1982) S.9–21.

4. Kommentare zu *Aeneis*, Buch 3 und 4

Williams, R. D.: P. Vergili Maronis Aeneidos Liber III. Oxford 1962.

Cova, P. V.: Virgilio. Il libro terzo dell' Eneide. In: Biblioteca di Aevum Antiquum 5. Milano 1994.

Austin, R. G.: P. Vergili Maronis Aeneidos Liber IV. Oxford 1955. ²1963.

Williams, R.D.: The *Aeneid* of Virgil. Books 1–6. London 1972.

5. *Aeneis*-Übersetzungen

Ebersbach, V.: Publius Vergilius Maro. Aeneis. Leipzig ²1987. (Reclams Universal-Bibliothek. 929.) [Deutsche Prosaübertragung.]

Literaturhinweise

Götte, J. und M.: Vergil. Aeneis. München [3]1971; München/Zürich 1983. (Sammlung Tusculum.) [Deutsche Hexameter-Übertragung.]

Perret, J.: Virgile. Énéide. Tom. I–III. Paris 1977. 1978. 1983. (Collection Budé.) [Französische Prosaübertragung.]

Staiger, E.: Vergil. Aeneis. Zürich/München 1981. (Bibliothek der Alten Welt.) [Deutsche Hexameter-Übertragung.]

Voss, J. H. / Güthling, O.: Aeneide. Übers. von J. H. Voss. 2. Aufl. neu hrsg. von O. Güthling. Leipzig [1926]. (Reclams Universal-Bibliothek. 221/224.) [Literarisch bedeutende deutsche Hexameter-Übertragung von 1797.]

6. Aeneassage

Alföldi, A.: Die trojanischen Urahnen der Römer. Rektoratsprogramm Basel 1957.

Binder, G.: Äneas. In: Enzyklopädie des Märchens. Bd. 1. Berlin / New York 1975. Sp. 508–528.

Bömer, F.: Rom und Troia. Untersuchungen zur Frühgeschichte Roms. Baden-Baden 1951.

Fuchs, W.: Die Bildgeschichte der Flucht des Aeneas. In: Aufstieg und Niedergang der römischen Welt. Hrsg. von H. Temporini und W. Haase. Bd. I,4. Berlin / New York 1973. S. 615–632. Taf.-Bd., S. 47–58.

Galinsky, G. K.: Aeneas, Sicily and Rome. Princeton 1969.

Hölscher, T.: Mythen als Exempel der Geschichte. In: Mythos in mythenloser Gesellschaft. Das Paradigma Roms. Hrsg. von F. Graf. Stuttgart/Leipzig 1993. S. 67–87.

Schauenburg, K.: Aeneas und Rom. In: Gymnasium 67 (1960) S. 176–191.

Schur, W.: Die Aeneassage in der späteren römischen Literatur. Diss. Straßburg 1914.

Schwegler, A.: Römische Geschichte. T. I,1. Tübingen 1853. [2]1867. S. 279–336.

Suerbaum, W.: Aeneas zwischen Troja und Rom. Zur Funktion der Genealogie und der Ethnographie in Vergils *Aeneis*. In: Poetica 1 (1967) S. 176–204.

Weber, E.: Die trojanische Abstammung der Römer als politisches Argument. In: Wiener Studien N. F. 6 (1972) S. 213–225.

Zu den Illustrationen

Die Holzschnitte aus Sebastian Brants Straßburger Vergil-Ausgabe von 1502 wurden zuletzt abgedruckt in:

Vergil. Aeneis. Übersetzt von Johannes Götte. Mit 136 Holzschnitten der 1502 in Straßburg erschienenen Ausgabe, herausgegeben und kommentiert von Manfred Lemmer. Leipzig 1979.

Im Nachwort des Bandes erfahren die Holzschnitte unbekannter Meister eine ausführliche kunsthistorische, ästhetische und die Verbindung zum antiken Text reflektierende Würdigung (S. 360–368; Einzelbeschreibungen S. 369–384). Die folgenden Bemerkungen stützen sich auf Lemmers Ausführungen.

Johann Grüninger, seit 1483 in Straßburg tätig, verlegte auch eine größere Zahl von Ausgaben antiker Autoren; diese wurden seit der Jahrhundertwende von dem oberrheinischen Humanisten Sebastian Brant betreut, der als Verfasser der Moralsatire *Das Narrenschiff* (Basel 1494) berühmt wurde. Schon die Ausgabe der Satire war reich mit Holzschnitten illustriert, die Albrecht Dürer zugeschrieben werden und vom Autor als Hilfe zum Verstehen des Textes betrachtet wurden. In dieser Zielsetzung, die bis zu der Hoffnung reichte, auch »Ungelehrte«, der lateinischen Sprache Unkundige könnten sich mit Hilfe von Illustrationen ein römisches Original inhaltlich aneignen, traf sich Brant mit seinem Drucker und Verleger Grüninger, der das illustrierte Buch in Straßburg einführte und mit der Vergil-Ausgabe von 1502 »one of the most wonderful illustrated books ever produced«, »one of the most important books printed in the early sixteenth century« publizierte (M. Lemmer, S. 363, nach G. R. Redgrave und Th. K. Rabb).

Zweifellos hat der Herausgeber Brant, der Gelehrte, das Entstehen der Holzschnitte, deren Schöpfer den *Aeneis*-Text vielleicht nicht einmal verstehen konnten, begleitet und die Darstellungen in zahlreichen Details beeinflußt. Daß das Ergebnis gleichwohl ein Spiegelbild der Welt des Spätmittelalters war – mit Göttern in barbarischer Nacktheit, dem Türkenfeind angeglichenen Troianern, Fachwerkhäusern und Kirchtürmen mit Glocken, Rittertafeln, Landsknechtswaffen, ja Fahnen mit dem Bundschuh; mit Helden, die wie gute Christen beten, Schiffen, die an die Karavellen des

Zu den Illustrationen

Kolumbus erinnern, mit einem Augustus, der die Krone des deutschen Kaisers trägt –, darf nicht verwundern, da die deutschen Frühhumanisten Italien nicht kannten, ein antikes Bauwerk, eine antike Statue kaum je gesehen hatten und somit gänzlich in ihrer heimischen Vorstellungswelt befangen waren.

Da die Holzschnitte als Verstehenshilfen und Lehrbilder gedacht waren, mußte im Einzelbild möglichst viel Inhalt umgesetzt werden: Häufig werden mehrere Szenen der epischen Handlung in ein Bild verdichtet.

»Grüningers Vergil war nicht nur die erste, sondern für lange Zeit auch die aufwendigste illustrierte Ausgabe der Werke des römischen Dichters in Deutschland« (M. Lemmer, S. 367).

Die einzelnen Bilder:

Abkürzungen: l. = links, r. = rechts, o. = oben, u. = unten, M. = Mitte, v. = vorn, h. = hinten.

Zu 3,1–12 (S. 8): Aeneas M. baut am Fuß des Berges Ida mit geretteten Troianern eine Flotte, um auf Iuppiters Weisung hin in eine neue Heimat zu segeln; Troia steht in Flammen.

Zu 3,13–71 (S. 9): In Thrakien werden Aeneas und seine Gefährten vom Bau einer neuen Stadt abgehalten, weil aus den Zweigen, die Aeneas h. r. zur Schmückung eines Opferaltares M. r. schneidet, das schwarze Blut des einst skrupellos vom Thrakerkönig ermordeten Priamussohnes Polydorus hervorquillt. Nach der ordentlichen Bestattung des Polydorus M. verlassen die Troianer Thrakien.

Zu 3,79–117 (S. 16): Auf Delos erbittet Aeneas vom Orakel des Apollo o. l. ein Zeichen für die weitere Reise; Anius M., ein Freund des Anchises, ist zugleich König der Stadt und Priester des Apollo.

Zu 3,124–188 (S. 17): Da Anchises das Orakel mißdeutet, gelangen Aeneas und seine Gefährten, vorbei an den Inseln Paros, Olearos, Naxos und Donusa h. M., nach Kreta und gründen Pergamum. Als die Stadt von Seuche und Tod M. heimgesucht wird, erscheinen Aeneas M. l. im Traum die Penaten und entschlüsseln die vom Orakel gemeinte Urheimat als Italien.

Zu 3,189–258 (S. 26): Abfahrt aus Pergamum; ein drei Tage währender Seesturm verschlägt die Troianer auf die Inselgruppe der Strophaden h. r., wo sie ein Abenteuer mit den Harpyien und die Weissagung der Celaeno – ein Ende der Irrfahrt erst zu Zeiten einer Hungersnot – erwarten.

216　　　　　　　*Zu den Illustrationen*

Zu 3,270–288 (S. 27): Die Inseln Zakynthos, Dulichion, Same, Neritos und Ithaka h. l. und r. passierend, kommen Aeneas und seine Gefährten nach Actium, wo sie troische Kampfspiele veranstalten. Aeneas weiht dem Apollo bei dessen Tempel h. M. einen griechischen Schild.

Zu 3,293–354 (S. 36): In Buthrotum angekommen, trifft Aeneas vor einem Wäldchen die der Asche ihres einstigen Gatten Hector opfernde Andromache M. l.; nach Andromaches Bericht werden die Gäste auch von ihrem jetzigen Mann, dem Apollopriester und Seher Helenus h. l., freundlich empfangen.

Zu 3,369–462 (S. 35): Helenus M. opfert dem Gott M. o. einen Stier, bevor er Aeneas eine lange Weisung für die weiteren Stationen seiner Irrfahrt gibt.

Zu 3,463–505 (S. 50): Bei der Abfahrt erhalten die Troianer Geschenke: Helenus übergibt Aeneas Panzer und Helm des Pyrrhus/Neoptolemus.

Zu 3,506–569 (S. 51): An den Höhen von Ceraunia entlang M. h. führt der Kurs auf Italien h. r. zu, an dessen Strand die Troianer ein Omen in Gestalt von vier weißen Pferden erblicken; Anchises M. r. opfert vorbeugend Wein, während Palinurus M. o. das Wetter prüft; Iuno erspart den Helden nicht den Wogengang zwischen Skylla M. r. und Charybdis M. l.

Zu 3,570–582 (S. 56): Topographische Einordnung der Cyclopenküste, auf die die Troianer h. r. zusegeln: M. l. das Kap Pelorus mit dem blasenden Boreas v. u.; h. l. der Aetna, unter dem sich der Gigant Enceladus wälzt und neue Ausbrüche hervorruft; M. o. das Vorgebirge Pachynum im Südosten Siziliens; M. r. Lilybaeum als die Westspitze der Insel.

Zu 3,590–654 (S. 57): Auf Sizilien bittet der Grieche Achaemenides M. r., ein ehemaliger Gefährte des Ulixes, die Troianer um Aufnahme, weil er endlich vor dem noch immer aus dem Auge blutenden Polyphemus M. l. und seiner Herde o. M. entfliehen möchte. Man bricht unverzüglich auf.

Zu 3,655–691 (S. 64): Durch das Schlagen der Ruder aufmerksam geworden und halb ins Meer getreten, schleudert Polyphemus M. den Schiffen Felsbrocken nach; h. l. kommen aus dem Wald weitere Cyclopen.

Zu 3,707–713 (S. 65): Der Hafen von Drepanum an der Nordwestspitze Siziliens; hier stirbt Anchises, bevor die Troianer vom Sturm nach Karthago verschlagen werden.

Zu den Illustrationen   217

Zu 4,9–29 (S. 72): Im Palast offenbart Dido weinend ihrer Schwester Anna ihre Gefühle für Aeneas.

Zu 4,56–64 (S. 73): Dido mit Anna im Tempel bei Opfer und Eingeweideschau; Fremdartigkeit des heidnischen Kultes durch hebraisierende Schriftzeichen betont; r. Aeneas und Begleiter vor dem Tempel.

Zu 4,84–128 (S. 80): Dido und (der falsche) Ascanius, d. h. Cupido (s. 1,657 ff.), davor r. der das Geschehen deutende Amor mit Pfeil und Bogen; die streitenden Göttinnen Iuno und Venus M., erstere trägt als Stadtgöttin Karthagos die sog. Mauerkrone.

Zu 4,151–172 (S. 81): Die Jagd v.; o. das hereinbrechende Unwetter: o. r. Dido und Aeneas in der Höhle.

Zu 4,173–238 (S. 90): Fama trägt die Botschaft von Didos Ehe mit Aeneas von Karthago r. auch zu dem verschmähten Freier Iarbas l.; dieser betet zu Iuppiter o. l., bei dem bereits Mercurius ist, der Aeneas in Karthago aufsuchen und an seinen Auftrag erinnern soll.

Zu 4,259–276 (S. 91): Mercurius kommt vom Atlasgebirge herab nach Karthago o. l., um Aeneas M., der Bauarbeiten beaufsichtigt, den Befehl Iuppiters zu überbringen.

Zu 4,288–387 (S. 104): Aeneas hat Mnestheus, Sergestus und Serestus o. l. beauftragt, die Flotte startbereit zu machen: Der Befehl wird ausgeführt u.; im Palast o. r. kommt es indessen zur Auseinandersetzung zwischen Dido und Aeneas.

Zu 4,416–449 (S. 105): Dido bittet Anna M. r., Aeneas zum Aufschieben der »Flucht« zu bewegen; dieser hat bereits u. l. eines der Schiffe bestiegen; die Startvorbereitungen gehen weiter.

Zu 4,450–570 (S. 118): Schreckliche Erscheinungen ängstigen Dido – Stimmen aus dem Grabschrein des Sychaeus o. l., Weissagungen früherer Seher am Altar l. –, und die von den Massylern geholte Priesterin übt Zauberpraktiken v. l.; hinter Dido der Scheiterhaufen; Mercurius mahnt ein letztes Mal Aeneas zu sofortiger Abfahrt o. r.

Zu 4,571–629 (S. 119): Die Troianerflotte läuft aus; Dido beobachtet das Schauspiel von ihrer Warte aus o. r. und sendet den Schiffen ihren Fluch hinterher.

Zu 4,642–705 (S. 130): Didos Tod. Auf dem Scheiterhaufen das Lager der Liebenden, die Gewänder aus Ilium, das Bild des Aeneas M.; Dido stößt sich das Schwert des Aeneas ins Herz; die herbeigeeilte Anna beklagt den Tod der Schwester M. l.; Iuno schickt Iris (Regenbogen: s. 4,693 ff.) o. M., die Didos Locke abschneidet, um der Königin den Eintritt ins Totenreich zu ermöglichen.

Die Irrfahrten des Aeneas

Nach: Vergile. Énéide, livres I–IV. Texte établi et traduit par Jacques Perret. Paris 1977. (Collection Budé.)

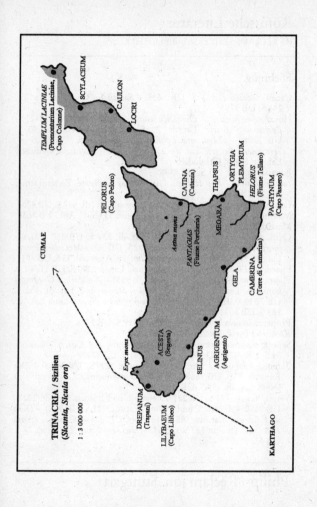

Römische Literatur

IN RECLAMS UNIVERSAL-BIBLIOTHEK

Dichtung

Catull, *Gedichte.* 133 S. UB 6638 – *Sämtliche Gedichte.* Lat./dt. 246 S. UB 9395

Horaz, *Ars poetica / Die Dichtkunst.* Lat./dt. 70 S. UB 9421 – *Epistulae / Briefe.* Lat./dt. 70 S. UB 432 – *Gedichte.* 80 S. UB 7708 – *Oden und Epoden.* Lat./dt. 328 S. UB 9905 – *Sermones / Satiren.* Lat./dt. 232 S. UB 431 – *Sämtliche Gedichte.* Lat./dt. 828 S. Gebunden

Juvenal, *Satiren.* 253 S. UB 8598

Laudes Italiae / Lob Italiens. Griech. und lat. Texte. Zweisprachig. 192 S. UB 8510

Lukrez, *De rerum natura / Welt aus Atomen.* Lat./dt. 637 S. UB 4257

Manilius, *Astronomica / Astrologie.* Lat./dt. 533 S. 11 Abb. UB 8634

Martial, *Epigramme.* 166 S. UB 1611

Ovid, *Ars amatoria / Liebeskunst.* Lat./dt. 232 S. UB 357 – *Metamorphosen.* Epos in 15 Büchern. 792 S. UB 356 – *Metamorphosen.* Lat./dt. 997 S. UB 1360 – *Verwandlungen.* Auswahl. 93 S. UB 7711

Phaedrus, *Liber Fabularum / Fabelbuch.* Lat./dt. 240 S. UB 1144

Plautus, *Amphitruo.* Lat./dt. 160 S. UB 9931 – *Aulularia / Goldtopfkomödie.* Lat./dt. 112 S. UB 9898 – *Menaechmi.* Lat./dt. 152 S. UB 7096 – *Miles gloriosus / Der ruhmreiche Hauptmann.* Lat./dt. 183 S. UB 8031

Properz, *Sämtliche Gedichte.* Lat./dt. 419 S. UB 1728

Römische Lyrik. Lat./dt. 514 S. UB 8995

Seneca, *Apocolocyntosis / Die Verkürbissung des Kaisers Claudius.* 94 S. UB 7676 – *Oedipus.* Lat./dt. 141 S. UB 9717

Terenz, *Adelphoe / Die Brüder.* Lat./dt. 128 S. UB 9848 – *Der Eunuch.* 77 S. UB 1868 – *Heautontimorumenos / Einer straft sich selbst.* Lat./dt. 154 S. UB 7683

Vergil, *Aeneis.* 421 S. UB 221 – *Aeneis.* 1. und 2. Buch. Lat./dt. 202 S. UB 9680 – *Aeneis.* 3. und 4. Buch. Lat./dt. 221 S. UB 9681 – *Dido und Aeneas.* Lat./dt. 168 S. 16 Abb. UB 224 – *Georgica / Vom Landbau.* Lat./dt. 123 S. UB 638 – *Hirtengedichte (Eklogen).* 77 S. UB 637

Philipp Reclam jun. Stuttgart

Römische Literatur

IN RECLAMS UNIVERSAL-BIBLIOTHEK

Geschichtsschreibung

Augustus, *Res gestae / Tatenbericht.* Lat./griech./dt. 88 S. UB 9773

Caesar, *De bello Gallico / Der Gallische Krieg.* Lat./dt. 648 S. UB 9960 – *Der Bürgerkrieg.* 216 S. UB 1090 – *Der Gallische Krieg.* 363 S. UB 1012

Livius, *Ab urbe condita. Liber I / Römische Geschichte. 1. Buch.* Lat./dt. 240 S. UB 2031 – *Ab urbe condita. Liber II / Römische Geschichte. 2. Buch.* Lat./dt. 237 S. UB 2032 – *Ab urbe condita. Liber III / Römische Geschichte. 3. Buch.* Lat./dt. 263 S. UB 2033 – *Ab urbe condita. Liber IV / Römische Geschichte. 4. Buch.* Lat./dt. 235 S. UB 2034 – *Ab urbe condita. Liber V / Römische Geschichte. 5. Buch.* Lat./dt. 229 S. UB 2035 – *Römische Geschichte. Der Zweite Punische Krieg.* I. Teil. 21.–22. Buch. 165 S. UB 2109 – II. Teil. 23.–25. Buch. 160 S. UB 2111 – III. Teil. 26.–30. Buch. 240 S. UB 2113

Sallust, *Bellum Iugurthinum / Der Krieg mit Jugurtha.* Lat./dt. 222 S. UB 948 – *De coniuratione Catilinae / Die Verschwörung des Catilina.* Lat./dt. 119 S. UB 9428 – *Historiae / Zeitgeschichte.* Lat./dt. 88 S. UB 9796 – *Die Verschwörung des Catilina.* 79 S. UB 889 – *Zwei politische Briefe an Caesar.* Lat./dt. 95 S. UB 7436

Sueton, *Augustus.* Lat./dt. 200 S. UB 6693 – *Nero.* Lat./dt. 151 S. UB 6692 – *Vespasian, Titus, Domitian.* Lat./dt. 136 S. UB 6694

Tacitus, *Agricola.* Lat./dt. 150 S. UB 836 – *Annalen I–VI.* 320 S. UB 2457 – *Annalen XI–XVI.* 320 S. UB 2458 – *Dialogus de oratoribus / Dialog über die Redner.* Lat./dt. 117 S. UB 7700 – *Germania.* 80 S. UB 726 – *Germania.* Lat./dt. 112 S. UB 9391 – *Historien.* Lat./dt. 816 S. 8 Abb. u. 6 Ktn. UB 2721 (auch geb.)

Velleius Paterculus, *Historia Romana / Römische Geschichte.* Lat./dt. 376 S. UB 8566

Philipp Reclam jun. Stuttgart

Römische Literatur

IN RECLAMS UNIVERSAL-BIBLIOTHEK

Vermischte Prosa

Antike Heilkunst. 250 S. UB 9305

Apuleius, *Das Märchen von Amor und Psyche.* Lat./dt. 152 S. UB 486

Augustinus, *Bekenntnisse.* 440 S. UB 2792 – auch geb. – *De beata vita / Über das Glück.* Lat./dt. 109 S. UB 7831 – *De vera religione / Über die wahre Religion.* Lat./dt. 231 S. UB 7971

Boethius, *Trost der Philosophie.* 189 S. UB 3154

Eugippius, *Vita Sancti Severini / Das Leben des heiligen Severin.* Lat./dt. 157 S. UB 8285

Marc Aurel, *Selbstbetrachtungen.* 188 S. UB 1241

Petron, *Satyricon.* 261 S. UB 8533

Plinius der Jüngere, *Briefe.* 76 S. UB 7787 – *Der Briefwechsel mit Kaiser Trajan. Das 10. Buch der Briefe.* Lat./dt. 160 S. UB 6988 – *Epistulae / Briefe.* Lat./dt. *1. Buch.* 96 S. UB 6979 – *2. Buch.* 96 S. UB 6980 – *3. Buch.* 96 S. UB 6981 – *4. Buch.* 96 S. UB 6982 – *5. Buch.* 94 S. UB 6983 – *6. Buch.* 109 S. UB 6984 – *7. Buch.* 104 S. UB 6985 – *8. Buch.* 104 S. UB 6986 – *9. Buch.* 110 S. UB 6987

Quintilian, *Institutio oratoria X / Lehrbuch der Redekunst. 10. Buch.* Lat./dt. 160 S. UB 2956

Seneca, *Apocolocyntosis / Die Verkürbissung des Kaisers Claudius.* Lat./dt. 94 S. UB 7676 – *De brevitate vitae / Von der Kürze des Lebens.* Lat./dt. 76 S. UB 1847 – *De clementia / Über die Güte.* Lat./dt. 116 S. UB 8385 – *De otio / Über die Muße. De providentia / Über die Vorsehung.* Lat./dt. 85 S. UB 9610 – *De tranquillitate animi / Über die Ausgeglichenheit der Seele.* Lat./dt. 111 S. UB 1846 – *De vita beata / Vom glücklichen Leben.* Lat./dt. 119 S. UB 1849 – *Epistulae morales ad Lucilium / Briefe an Lucilius über Ethik.* Lat./dt. *1. Buch.* 88 S. UB 2132 – *2. Buch.* 96 S. UB 2133 – *3. Buch.* 96 S. UB 2134 – *4. Buch.* 96 S. UB 2135 – *5. Buch.* 96 S. UB 2136 – *6. Buch.* 94 S. UB 2137 – *7. Buch.* 96 S. UB 2139 – *8. Buch.* 96 S. UB 2140 – *9. Buch.* 101 S. UB 2141 – *10. Buch.* 72 S. UB 2142 – *11.–13. Buch.* 127 S. UB 2143 – *14. Buch.* 128 S. UB 9370 – *Vom glückseligen Leben und andere Schriften. Auswahl.* 160 S. UB 7790

Tertullian, *De spectaculis / Über die Spiele.* Lat./dt. 120 S. UB 8477

Valerius Maximus, *Facta et dicta memorabilia / Denkwürdige Taten und Worte.* Lat./dt. 351 S. UB 8695

Philipp Reclam jun. Stuttgart